交通事故

示談交渉 手続マニュアル

元弁護士長戸路政行［監修］

自由国民社

はしがき

二〇一九（令和元）年中の交通事故の死亡事故（二四時間以内）は三一三三人で、平成八年に一万人を切り、その後は減少し、負傷者数も四六万一七七五人となっています。しかし、こうした傾向にあるとはいえ、いつあなたや、あなたの身の回りで事故が起きるかわからない状況です。交通事故が起きてまず直面するのが、損害賠償等の示談です。困ったことに、これは車の免許をとるときに教えてくれることはありません。

示談は一口でいえば、事故による損害などについて加害者と被害者の双方が話し合い、合意して解決することです。しかし、示談の交渉では、一定の知識がなければ有利に解決をすることはできません。とくに、今日では示談代行付きの保険が売り出されほとんどの人が加入していますので、被害者の示談交渉相手は、保険会社の示談担当者であることが多くなっています。

このように、交通事故にあった場合には、損害賠償などの法律知識が不可欠です。本書では、被害者の立場から、示談をする上での注意点、損害賠償額の算定法・支払基準、示談書の作成法、保険金の請求の仕方などについて、分かりやすく解説しました。支払基準は、㈶日弁連交通事故相談センター発行『交通事故損害額算定基準（二七訂版）』を参考にしました。

なお、本改訂では、令和二年四月一日施行の民法改正および自賠責保険の支払基準（令和二年四月一日以降発生の事故より適用）を中心に改訂を行いました。

令和二年八月一日

監修者　長戸路　政行

目次

第2章 傷害事故の場合の示談交渉マニュアル 55

第3章　死亡事故の場合の示談交渉マニュアル　99

第4章 物損事故の場合の示談交渉マニュアル

第5章　賠償金が減額される過失相殺・損益相殺の知識マニュアル

第6章　損害賠償の請求手続きと保険会社との交渉マニュアル　181

3 損害賠償額についての保険会社との交渉のポイント

巻頭グラフ

交通事故が起きたときから示談交渉・成立までの解決知識とアドバイス

♣通常、交通事故の当事者となるのは、人生において何度もあることではありません。そのため、交通事故の当事者はどうしたらよいかわからなくなることもあります。

例えば、事故の現場でどうしたらよいか、刑事責任を問われないか、被害者が誰に・いくらの損害賠償を請求したらよいかなどです。また、損害賠償の交渉には損害保険会社の示談担当者（示談のプロ）が来ます。

本グラフでは、事故の当事者は最低限知っておきたい交通事故解決のための知識を解説します。

1 事故が起きたときにすること

ある日、交通事故が起きた

★事故が起きたときの対処法を考えておこう。

＊事故の種類 —— どんな事故か？

傷害事故（後遺症がある場合を含む）	死亡事故	物損事故
事故により当事者の一方あるいは双方がけがをした場合。治療費や休業補償・慰謝料などが問題となる。	事故により当事者の一方あるいは双方が死亡した場合。葬儀費用・逸失利益・慰謝料などが問題となる。	事故により車などの物が壊れた場合。壊れた物の賠償が問題となる。

＊事故関係者には３つの義務がある

❶ 負傷者の救護措置義務

負傷者が出た場合、事故関係者は119番通報したり、病院へ連れて行かなければばなりません。

❷ 措置義務

第２、第３の事故防止のために、車の誘導などの危険防止措置を講じなければなりません。

❸ 警察への届出（110番通報）

運転手等は、すみやかにもよりの警察署、派出所、駐在所の警察官に事故の状況を報告する必要があります。事故の内容等を報告し、現場を離れてはならないと命じられた場合には事故現場を離れてはなりません。

アドバイス 事故当事者は、冷静になって、負傷者の救護、二次被害の防止措置、警察への報告などをすることが重要です。報告は文書ではなく、口頭でも、電話（110番通報）でもよいとされています。物損（対物）事故も届出が必要です。

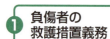

2 事故現場では実況見分調書が作成される

★警察官が現場に来ると、通常、実況見分（現場検証）が行われる。

＊実況見分調書作成時における事故当事者の注意点はなにか

①冷静に落ち着いて真実を述べる
②正確に記憶を呼び起こして表現する
③現場の写真を撮っておくとよい
④目撃者がいたら証言してもらう
⑤絶対にウソはつかない

※犯罪の嫌疑がある場合は取調べが行われ、実況見分調書を基に供述調書が作成されます。

アドバイス　実況見分調書の作成は、あくまで事故の刑事事件としての捜査の一環ですが、保険金の請求（民事事件）においては交通事故証明書（交通安全センター発行）、事故状況報告書の提出が必要であり、また、裁判になった場合には有力な証拠となります。

3 交通事故を起こした人の責任

★加害者の負う責任は、民事上、刑事上、行政上の責任です。

＊加害者が負う３つの責任の内容はこうなっている

民事上の責任
民法709条により不法行為（事故）よる損害賠償義務が発生する。(詳細は次項)

刑事上の責任
危険運転致死（刑法280条の２）、自動車運転過失致死傷（同211条２項）、道路交通法違反などがある。

行政上の責任
免許停止、免許取消、反則金などの処分がある。

アドバイス　本書で取り上げるテーマは主に民事上の責任である損害賠償です。しかし、刑事上の責任と民事上の責任はまったく別個の責任ではありません。損害賠償についての示談が成立すれば、執行猶予がついたり、刑が減刑されたりすることがあります。

4 被害者は損害賠償の請求ができる

損害賠償のことを考える

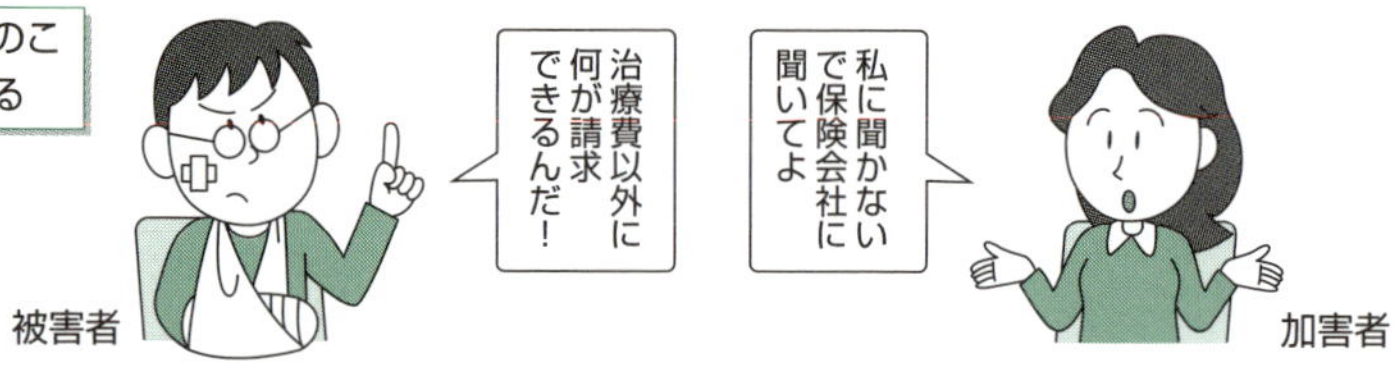

★全損害の賠償請求ができますが、通常、過失相殺が行われます。

＊事故の種類と損害賠償が請求できる費目は以下のとおり

傷害事故	死亡事故	物損事故
・治療費・休業損害・慰謝料 ・物損被害（修理代など） ▷後遺症が残った場合 ⇒逸失利益・慰謝料	・死亡までの治療費等 ・逸失利益 ・慰謝料 ・物損被害（修理代など）	・修理費 ・代車料 ・休車料 など

アドバイス 上記が事故の被害者が請求できる費目ですが、その合計額から過失割合に応じて減額がなされます。例えば被害者側に２割の過失があれば合計額から２割の減額がなされます。

5 必ず一度は法律相談を受けること

無料法律相談所を訪れる

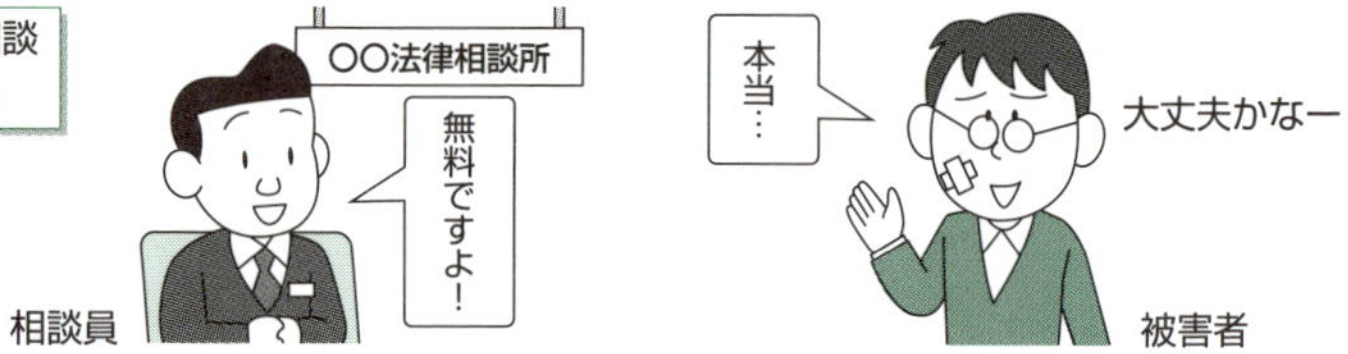

★法律相談所はいくつかあり、多くは無料で相談に応じています。

＊主な法律相談所と内容はこうなっている

（公財）日弁連交通事故相談センター	無料。示談のあっせんを行う相談所もある。
自治体の法律相談	都道府県・市区町村役所では、サービスの一環として無料法律相談が行われている。
その他	交通事故紛争処理センター（無料）／弁護士会の法律相談センター（有料）／そんぽADRセンター（相談無料）

※詳細については193ページを参照してください。

アドバイス 法テラス（☎0570-078374）では、各種の法律トラブルについて、法律の専門家等の紹介がなされています（無料）。紛争解決の道案内として活用できます。

6 交通事故の保険には自賠責(強制)保険と任意保険がある

自動車保険ってなんだよ！

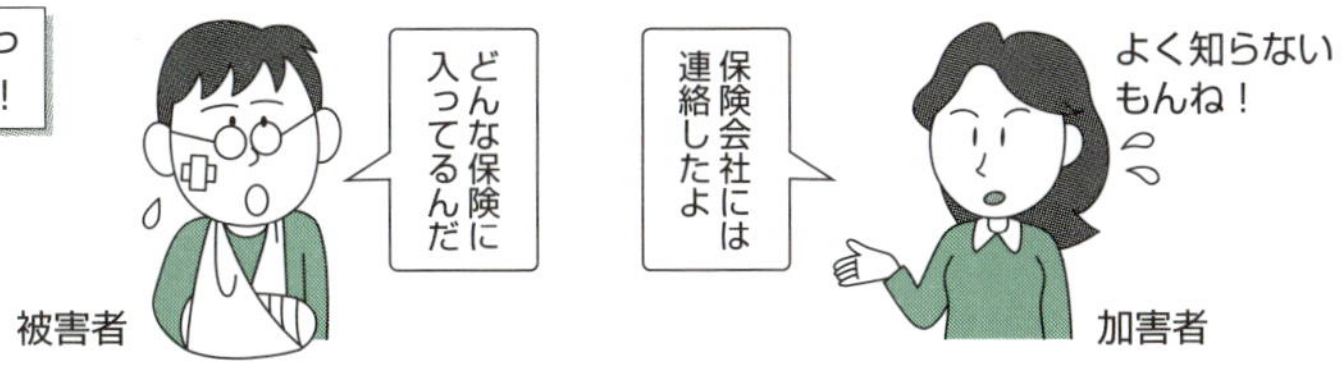

★賠償金は加害者が加入している保険等から支払われます。

＊自動車保険の種類と内容はこうなっている

自賠責(強制)保険
国が行う保険で、車の所持者に加入が義務づけられている。ただし、支払限度額がある(傷害事故120万円など)。物損は適用外。

任意保険
損害保険会社が売り出している自動車保険で、自賠責保険で不足またはカバーされない損害を補てんする（上乗せ保険)。

その他
労災保険―労働に関係する自動車事故
健康保険―交通事故での健康保険の使用

アドバイス　交通事故が起きた場合、相手方の住所・氏名等はもとより加入している保険会社も聞いておきましょう。また、すぐに保険会社に連絡してもらいましょう。示談代行付きの場合、保険会社の示談担当者が後日やって来ます。

7 損害保険会社の示談担当者がやって来る

示談担当者は保険のプロ!?

★自動車保険には示談代行がセット（特約）されています。

＊損害賠償の交渉は誰を相手にするのか

示談代行付保険　相手が加入している損害保険会社の示談担当者。自賠責保険については損害保険会社に業務委託がなされている。

示談代行が付いていない保険　保険会社への被害者請求あるいは加害者請求。自賠責保険は損害保険会社に業務委託がなされている。

政府保障事業　轢き逃げや無保険車の場合で、損害保険会社に業務委託がなされている。

アドバイス　任意保険の加入では、支払額が無制限で、示談代行付がほとんどです。したがって、事故の相手方が加入している（任意保険）の損害保険会社の示談担当者が、加害者より示談交渉をまかされた代理人ということになります。

8 損害賠償額が提示される（示談代行付保険に加入している場合）

示談担当者に圧倒される

★示談担当者が提示額は保険会社の支払基準によります。

＊損害賠償額の支払基準には以下の３つがある

自賠責保険の支払基準

自動車損害賠償保障法施行令に規定がある。自動車損害賠償責任共済の保険金も同じ。

任意保険の支払基準

各損害保険会社には支払基準（規定）があり、通常、この基準により支払額が提示される。

㈶日弁連交通事故相談センターの支払基準

㈶日弁連交通事故相談センターによる裁判例を基にした損害賠償額の算定基準。東京三弁護士会の「交通事故　損害賠償額算定基準」もある。

アドバイス　賠償額については自賠責・共済以外は法定されていません。損害保険会社の支払基準は、最近の裁判例を基にした㈶日弁連交通事故相談センターの支払基準より低額です。

9 損害賠償額の内容を検討する

損害賠償額の計算は難しい

★示談担当者が提示する支払額は、裁判例より低額です。

＊どのようなことを検討すればよいのか

損害賠償額の費目　治療費や慰謝料などの項目で抜けているものはないか。

賠償金額　各費目の賠償額が少なくはないか。

過失割合　交通事故では双方に過失がある場合がほとんど、過失があればその分は減額される。

後遺障害等級の認定　後遺障害の等級は１級から14級まであり、等級に応じて賠償額（逸失利益・慰謝料）も異なる。

その他　収入・治療期間・休業期間などの確認をする。

アドバイス　本書掲載の㈶日弁連交通事故相談センターの支払基準により計算し直してください。裁判になれば認られる金額です。なお、過失割合や後遺障害の等級は、少し違うだけで賠償額に大きな差が出ます。

10 損害賠償額について合意したら示談書が作られる

示談書を交わすと一件落着

★示談は当事者が合意して紛争を解決する和解契約です。

＊示談書の作成とその効力はこうなっている

合意 ⇨ **示談書の作成**（示談書）

賠償額などで話し合いがつく

・通常は示談担当者が作成してくる
・合意の内容を確認する
・住所・氏名を書き、押印する

[示談書の効力]

　示談した内容は変えることはできない。ただし、示談後の後遺障害の発生は別途請求できるというのが判例です。（40ページ参照）

アドバイス　示談書に署名・押印する前に、記載内容に間違いがないかを検討してください。後になって後悔してもどうにもなりません。ただし、示談後の後遺障害の発生については、別途請求できるというのが判例です（40ページ参照）。

11 示談は合意できなければ不成立となる

示談交渉が決裂する

★示談交渉の決裂では時効（192ページ参照）に注意する。

＊示談がうまくいかなければ、他の解決法を考える

訴　訟	民事調停	ADR機関のあっせん・仲裁等
裁判で白黒つける手続き（次項12参照）	裁判所において話し合い、紛争を解決する手続き	交通事故関連のADR（裁判外紛争解決）機関によるあっせん・仲裁により解決する手続き

アドバイス　どうしても話し合いがつかない場合は、示談以外の解決手続きを考えることになります。この時点で、再度、専門家（弁護士）に相談するのがよいでしょう。

12 最後の手段！訴訟を提起する

★訴訟は本人でもできるが、弁護士に頼むのがよい

＊訴訟手続きは、まず訴状の提出から始める

訴状の提出先	公判（口頭弁論）	判　決
地方裁判所⇒訴訟の目的の価額が140万円 簡易裁判所⇒訴訟の目的の価額が１４０万円以下(**少額訴訟**もある)	原告（被害者）・被告（加害者）の言い分の主張、証拠調べ	賠償額が決まる。判決に不服であれば控訴できる

アドバイス　訴訟は、最後の手段ですが、訴訟中の和解もあります。訴訟となれば、弁護士に依頼するのがよいでしょう。訴訟においては認容額の10％程度が弁護士費用として認められます。

＊交通事故に関する法律と被害者救済制度

◆交通事故に関する法律

交通事故の刑事責任
　自動車の運転により人を死傷させる行為の処罰に関する法律
　危険運転致死傷・過失運転致死傷
　道路交通法

交通事故の民事責任
　不法行為による損害賠償(民法709条)

交通事故の行政処分
　運転免許・取消の処分(道路交通法)

保険に関する規定
　強制保険(自動車損害賠償責任保険)
　任意保険（保険法）

紛争解決手続き
　和解（民法695条）
　訴訟（民事訴訟法）
　調停（民事調停法）

◆被害者のための援護制度・機関

被害者相談
・交通事故被害者ホットライン
　(☎0570-000738)

被害者援助（各種の援助）
・独立行政法人自動車事故対策機構
　本部☎03(5608)7560
・市区町村(自治体により異なる。確認のこと)
　交通事故見舞金・交通事故被災世帯つなぎ資金（貸付）など

交通遺児支援
・㈶交通遺児育英会
・☎03(3556)0771(代)
・交通遺児等育成基金
　0120-16-3611
・各都道府県学事部・教育庁（確認）
　交通遺児育英資金・授業料減免

第1章

これだけは交渉前に知っておきたい

示談交渉の基礎知識マニュアル

♧示談交渉の相手は今やプロ級の保険会社の示談相当者です。交渉前にまず、これだけのことは基礎知識として知っておく必要があります。知っていないと交渉にならないか、相手の言いなりです。

●交通事故の示談で心がけておくこと

■交通事故のほとんどが示談交渉によって解決されている

二〇一九（令和元）年中の一年間に、三八万一二三七件の人身事故が起きています。この事故での死亡者数が三二一五人です。事故の形態も、ちょっとした車の接触事故から、加害者も被害者も死亡するような大型事故まで千差万別です。

交通事故が発生すれば、必ず損害賠償の問題が起こります。もちろん、軽微な事故であれば、強制保険で補塡《ほてん》してもらって損害賠償問題は解決するケースが多いでしょう。しかし、被害者に損害賠償の知識がまったくない場合には、任意保険会社の代理人の言いなりになって、強制保険金の範囲内（任意保険会社の負担はゼロ）で終わりになっているケースもあるのです。

被害者と加害者（任意保険会社を含む）との間で損害賠償額について争いとなり、訴訟になる例は、発生した事故件数の二％にも達していません。すなわち、残りの九八％以上が示談・調停により解決しているのです。交通事故の示談というのは、被害者と加害者が話合いにより、お互いが譲歩しあって損害賠償問題を解決することです。

■示談交渉は保険会社の代理人との交渉である

任意保険に加入している人の多くが、自家用自動車保険に加入しています。この保険は、事故が起きた場合の示談代行付きの保険です。そのため、被害者のもとに示談交渉に来るのは、加害者よりも保険会社の代理人が多いのです。

保険会社の代理人は、年に何十件も交通事故を扱っている、いうなれば交通事故解決のプロです。このプロを相手に、被害者は示談交渉をしなければならないのです。保険会社の代理人は、できるだけ低い金額で（できれば強制保険金の範囲内で）、早く示談をするように、あの手この手を使ってきます。しかし、心配は無用です。本書の目的は、まさにこのような保険会社の代理人と互角に渡り合えるための、知識とテクニックを解説したものだからです。

■分からないことがあれば、早めに専門家（弁護士）に相談する

自分で判断できないときは法律相談所を利用するなどして、専門家の意見を聞くことをお勧めします。相談所としては、日弁連交通事故相談センター（二一七頁参照）、各都道府県や市の法律相談所、交通事故紛争処理センター（一九三頁参照）などがあり、何れも相談は無料です。

こうした相談所を利用するのではなく、直接弁護士に相談する場合は、相談料が必要です。弁護士によって異なることもありますが、だいたい三〇分五〇〇〇円～一万円程度となっています。事前に相談する弁護士に聞いてください。

なお、相談に当たっては、限られた時間ですので要領よく（事前に相談したい項目をメモしておく）、資料等も準備して行くようにしてください。また、判断を仰ぐにあたっては自分に都合の悪いことでも包み隠さず話すことが大切です。

事故現場での対応❶

1 どんな事故の場合にも必ず警察に報告する

どんな事故でも必ず事故報告をする

わが国では、運転免許証を持っている人の数が、約八二一五万人（平成二七年一二月末）といわれていますから、まず、ほとんどの人が、運転免許を取得する際に、道路交通法について、基本的なことは勉強しているはずです。

教習所の授業でも教わることですが、万一、事故が起こった場合に最初にすべき重要なことは負傷者を救護することであり、その後に警察へ事故報告をすることです（道路交通法七二条）。ところが、実際に交通事故に直面すると、こういった基本的な事柄である事故報告が実行されない場合が、ままあるのです。そのために、簡単に解決できるはずの事故の解決が難航したり、場合によっては、泣き寝入りしなければならない羽目に陥るケースもあります。

事故報告がなされない場合としては、被害者が軽い転倒だけだったというケース、加害車両の運転手が交通違反の点数が加算されると免許を取り消されるといったケースで頼まれた場合、車同士の衝突事故でたいした傷が残らないケースなどの場合です。また、警察沙汰になるのを好まないということもあるでしょう。加害者に同情する場合もあるかもしれません。事故現場で現金を渡され、それで満足し警察に届け出ない場合もあるでしょう。

届出を怠ると保険金請求に必要な交通事故証明書がもらえない

車に接触され、軽い転倒であったので加害者の名前も知らず、もちろん警察への報告もしませんでした。ところが、一週間ほど経過してから、頭痛が始まり、病院で検査を受けたところ、脳内出血と診断されたという事件がありました。会社は休まなければなりませんし、入院して手術を受けなければならなくなりました。検査費用を含めてかなりの病院費用はかかります。

交通事故の届出をしていれば、いつ事故が起こり、当事者の住所氏名も記載されている「交通事故証明書」を、自動車安全運転センターに申し込み、すぐにもらうことができ、これを添えて加害者の自動車保険会社へ強制保険金を請求すれば、病院費用はすぐに出してもらうことができます。自動車保険金の請求には、強制保険でも任意保険でも「交通事故証明書」は必要な書類です。

警察への事故報告をしていないと、交通事故証明書はなかなか取れませんし、加害者の住所氏名もわからない場合だってあるでしょう。そうなれば交通事故の解決は困難をきわめます。

ポイント　どんな軽い交通事故の場合にも事故報告を忘れないこと。

★あおり運転による事故と責任

あおり運転に関する行為（妨害運転）を処罰する改正道路交通法が令和二年六月三〇日に施行されました。内容は、「他の車両等の通行を妨害する目的で、当該他の車両等に道路における交通の危険を生じさせるおそれのある方法により、故意に妨害運転を行った場合」は道路交通法違反（通行区分違反、急ブレーキ禁止違反、車間距離不保持など）になります。

また、あおり運転による事故については、過失運転致死傷罪が適用され、故意が認定されると殺人罪が適用されることになります。なお、あおり運転をした加害者には損害賠償をする責任がありますが、通常、故意・重過失の場合は任意保険の保険金支払は約款により免責となるため、被害者の損害賠償の請求が大変になることがあります。

事故現場での対応❷

2 事故現場で警察官により実況見分調書が作成される

警察が事故現場へ来るまで現場の保存に気をつける

交通事故は、ある日、突然に出会うものです。誰しも、交通事故に遭遇した人は、気持ちが動転してしまい、とっさにどんなことをなすべきかを、忘れてしまいがちです。

被害者が死亡事故あるいは重傷事故の場合は、すぐに救急車で病院へ運ばれますので、事故の現場で何かをすることは考えられませんが、それ以外の事故の場合には、被害者としては、冷静になって、次のような処置をとらなければなりません。

まず、最初になすべきことは、加害者と協力して追突事故など二次的な事故が起こらないよう対策を講じることです。そして、すみやかに警察へ事故報告をします。

事故慣れした加害者ですと、自分に不利な事故の痕跡を消すなどのことを考えます。そのようなことがないよう、事故現場の保存に気を配らなければなりません。

実況見分調書が作成される時は自分の主張を強く述べること

事故現場へ駆けつけてきた警察官は、事故がどのようにして起こったかを明らかにするために、「実況見分調書」を作成します。もちろん、被害者も加害者も事情聴取を受けるわけですが、その際にも、自分が思ったことを正々堂々と述べることが肝心です。

もちろん、加害者の言っていることが事実と違うときは、積極的に自分が正しいと思うことを主張すべきですが、その際にも、冷静に行うことが大切です。

交通事故を解決するということは、交通事故により発生した損害賠償問題を解決することです。この場合に、被害者と加害者との間で、一番モメルことは、損害賠償の金額の問題と、過失相殺の問題です。

交通事故では、交通事故を引き起こす原因を作った過失割合に応じて、損害賠償額は減額されることになっています。夜間に、泥酔していて、道路に寝ていたというように、被害者に大きな過失があれば、ほとんど損害賠償は取れません。

過失割合の判定は、ほとんどの場合、事故現場で作成される「実況見分調書」を元に判断がなされます。実況見分調書作成の際に、加害者の過失の方が大きいと思ったときには、そのことを主張するとともに、事故の目撃者を探し、その人の住所、氏名を聞き、証言してもらうようにすることが大切です。

事故の目撃者が、警察が来るまで待てないというようでしたら、その人が見聞したことをメモ書きしてもらい、サインをもらっておくとよいでしょう。

もちろん、警察が来ると、現場の写真も撮りますが、自分で写真をとれる携帯電話やカメラを持っていれば、現場写真を撮っておくと、後日役に立つ場合もあります。

ポイント　自分の主張が認められないときは実況見分調書への署名押印を拒否する。

3 事故の相手から事故の状況の確認をとっておく

事故現場での対応③

事故直後は素直な気持ちでも時間がたつと気が変わりがち

事故の原因の大半が加害者にある場合には、事故直後には、加害者も自分が悪かったことを素直に認めるものです。しかし、事故の発生から時間が経過するにつれ、申し訳ないという気持ちも薄れがちとなります。

孫を運転席に乗せて車を走らせていたお祖父さんが、孫がハンドルに手を掛けたのを止めさせようとして、信号のない交差点で一時停止をせずに事故を起こしてしまいました。事故直後は、孫が運転の邪魔をしたのでと、ていねいに謝っていたのですが、時間がたって、警察が来たときには、自分は一時停止もしたし、前方注視も怠らなかったと言いはじめました。もちろん、警察は事故の発生状況を見ていたわけではなく、田舎道ですから、目撃者もいません。事故当事者の証言だけが頼りとなるわけです。結局、現場では、水掛け論に終始してしまいました。

事故直後に加害者から住所・氏名などの確認をとる

たいていの人は、相手から先に謝られると、つい気持ちがおうようになり、優しくなるものです。そして、その後も、その人の態度が一八〇度変節するとは思わないものです。

何はともあれ、事故が起きたときの被害者の心得は、ビジネスライクに、加害者の住所・氏名、車種、車のナンバー、加入している自動車保険会社名、保険番号などをいち早く聞いてメモしておくことです。

そして、加害者が自分の非を認めるような発言をした場合は、その場に、当事者以外の第三者がいれば、立会証人になってもらいます。関係者以外に立ち会う人がいなければ、そのことをメモ書きして、加害者のサインをもらっておきます。

このような処置を取っておけば、後刻、警察が来て事情聴取をする際に、加害者が前に述べたことを翻すようなことはないでしょう。

こうしておけば、加害者が不誠実で、被害者の病院費用などの支払いにも応じないというような場合にも、加害者の加入していた自動車保険会社へ直接連絡して、支払いを受けることが可能です。

ポイント　事故直後の対応を誤ると、後で泣きを見ることになる場合もある。

★欠陥車による事故と損害賠償

数年前に、三菱自動車工業、三菱ふそうの欠陥車が問題となりましたが、欠陥車の問題は今も無くなってはいません。

車などの製造物の欠陥による事故については、製造物責任法が適用されます。この法律は、消費者を保護し、メーカーに対して損害賠償の責任を追及しやすくなっていて、簡単に言えば、事故が欠陥により起きたことを主張・立証(実はこれもなかなか難しい)すればよく、一方のメーカー側は製品に欠陥がないことを証明しなければ損害賠償責任を負わなければなりません。

例えば、ブレーキ系統に欠陥があり事故となった場合、消費者はブレーキをかけたが暴走したということ（因果関係）を立証すればよく、どういう欠陥かの立証は不要です。

示談の注意点①

4 示談とはなにかを知っておく

いったん示談をしてしまうと後でやり直しはできない

普通に日常生活を送っている人にとって、法律的なトラブルに巻き込まれるということは、滅多にあるものではありません。ですから、「示談」という言葉は聞いたことはありますが、実際どのようなものか、くわしく知っている人は少ないようです。

この本では、「示談」がメインテーマです。この際、示談とはどういうもので、どのような法律的な効果を持つのか、しっかり勉強しましょう。

示談というのは、借家の立ち退き、離婚の慰謝料請求など、法律的な紛争をかかえている当事者が、お互いに話合いをし、譲りあって、紛争を解決することをいいます。たとえば、お金の貸し借りで、貸した方は、五万円貸した、借りた方は三万円しか借りてない、というような争いが起こった場合、話合いの末、中を取って四万円を返すことで話をつけるような場合を、示談により解決したといいます。

示談をする際に大事なことは、いったん示談をしてしまうと、後で示談当時と異なる事実関係がわかっても、示談のやり直しができないことです。前の例でいえば、後になって三万円の借用書が出てきても、借りた方は示談した四万円を返済しなければならないのです。

示談は法律上は和解契約に当たる

交通事故のうちの人身事故だけに限ってみると、その約九五～九八パーセントが示談によって解決しています。交通事故と示談とは密接な関係があるといえます。

しかし、このように法律的に重要な働きをしている示談ですが、示談という言葉は、六法全書のどこを開いても出てきません。

しかし、示談に該当するものに「和解」があります（民法六九五～六九六条）。民法六九五条を見ますと、「和解は当事者がお互いに譲歩してその間に存在する争いを止めることを約するによりてその効力を生ずる」と規定されています。要するに、示談は民法上の和解契約と同じといえます。ついでに触れておきますが、「裁判上の和解」という制度があります。これは、紛争が裁判になった場合に、裁判官が当事者の中に入り、話合いを行って、話がまとまれば、裁判官が和解調書を作ってくれるものです。この和解調書は、判決と同じ効力（強制執行ができる）を持ちます（民事訴訟法二六七条）。

一般に、当事者の間で示談が成立すると、「示談書」を作成します。示談書は自動車保険金の請求の際に必要な書類ですし、示談の内容が分割払いなど長期にわたるときは、必要不可欠となります。なお、最近は示談代行付の自動車保険がほとんどで、被害者の示談交渉相手は保険会社の示談担当者です。

ポイント　示談をする場合には必ず示談書を作成すること。

5 示談を急ぐと失敗することがある

示談の注意点❷

加害者が示談を急いで迫ってくる場合とは

交通事故を起こした加害者は、三つの法律上の責任を負わされます。一つは、行政上の責任で、道路交通法により、反則金、免許の停止・取消しなどです。二つ目は、刑事上の責任です。刑法・道路交通法上の懲役、禁錮、罰金などです。最後が、民事上の責任で、本書でこれから述べる民法上の損害賠償責任です。

事故発生から数か月たったころ、突然、加害者が示談を早くしてくれと言ってくる場合があります。それは加害者が刑事責任を問われている場合です。

その理由は、検察段階で、示談ができていなければ本裁判にするが、示談ができていれば、起訴猶予あるいは略式罰金ですまされるケースもありますし、また本裁判でも、示談ができていれば情状が酌量され執行猶予がつきますが、示談ができていなければ禁錮刑に処せられることがあるからです。

何としてでも刑を軽くしたい加害者は、平身低頭、誠意をもって、早急に示談交渉をするように持ちかけてきます。しかしこれは、加害者の一方的な都合による要求に過ぎません。示談をまとめるチャンスではありますが、それだけで話を進めるのは危険です。

いつから示談交渉を始めるかは慎重に決める

本書で取り上げる交通事故の解決というのは、交通事故の被害にあって被った損害賠償金の問題を解決することです。そして、その問題を、いかに被害者に有利に示談で解決するかを目的としています。

被害者が事故により死亡した場合や物損事故だけの事故の場合には、示談交渉を開始する時期については、それほど問題はありませんが、人身事故にあい、治療や入院をしている場合には、示談交渉の開始には注意が必要です。

というのは、前にも述べましたが、いったん示談をしてしまうと、後になって後遺症が発生したり、あるいは思ったよりも治療期間が長引いたりした場合、その分の損害賠償金の上積みの請求は困難となるからです（四〇頁参照）。

いくら加害者やその家族が頭を下げてきても、病院の医師からOKの出るまで、あるいは後遺症が固定（これ以上回復しない）するまでは、交渉のテーブルに着くべきではありません。

ポイント　原則として示談のやり直しはできない。

★少年の顔の傷と損害賠償

福岡県の小学六年生が、福岡市内の交差点を自転車で通過する際、加害者の車と衝突。この事故で少年は顔の中央に目立つ傷が残った。

従来、顔面に傷が残った場合の逸失利益については、女性の場合のみが問題になっている。この少年は顔の傷によって従事する業務に制約される可能性があるとして、慰謝料を含めて一八六〇万円の請求をした。

福岡高裁では、顔の傷について被害者の主張を認め、九％程度の労働能力の喪失が六〇歳まで続くと判断し、慰謝料を含めて六八四万円余の損害を認め、加害者に賠償を命じた（平成九年三月二五日判決）。

6 病院の費用は健康保険や強制保険も活用できる

示談の注意点③

病院の費用は健康保険や国民健康保険を使うこと

交通事故にあい、入院する羽目に陥ったのは、加害者の責任です。経済的に余裕のない被害者にとっては、治療費や入院費用にも困ることでしょう。では、このような場合に、どんな対策を取ればよいかを考えてみましょう。

一つは、病院の費用については、サラリーマン、公務員、その家族であれば健康保険を、それ以外の職業の人であれば国民健康保険を、また交通事故にあったのが業務中あるいは通勤途上の場合であれば労災保険を使うことです。交通事故の場合には、健康保険は使えないと思っている人が多いようですが、これは誤解です。健康保険も、国民健康保険も、労災保険も使えます。これを使えば、費用はぐっと安くなります。

ただ、大きな病院の場合には、何も言いませんが、小さな病院の場合には、始めから強制保険を使いたがる傾向があります。その訳は、交通事故の場合には、強制保険や任意保険で自由診療が認められており、単価が健康保険などより二～四倍も高いからです。

急ぐ場合は強制保険の仮渡金の請求をする

他の一つは、被害者自身が、加害者の加入している自賠責保険（強制保険）会社に、病院の費用を直接請求する方法です。現在では、ほぼどんな車でも強制保険に加入しており（加入しないで車の運転をすると、六か月以下の懲役または五万円以下の罰金）、また、大半の車が、その上積み保険である任意保険に加入しています。

保険についての詳細は後述しますが、強制保険については、加害者に関係なく、直接、加害者の加入している保険会社に保険金（傷害事故の場合は一二〇万円まで）を請求できる「被害者請求」という制度があります。

ただ、被害者請求の場合には、いろいろな書類を揃えなければならず（一八五頁参照）、また請求をしてから保険金を受け取るまでに、一～三か月ぐらいの期間がかかります。

お勧めするのは、被害者のために設けられている「仮渡金」の制度です。これは、差し迫った病院費用の支払いに困った被害者のために、保険金の一部を前払いしてもらえる制度です。死亡の場合は二九〇万円、傷害の場合には、入院期間が一〇日以上、支払われる金額は病状に応じて、四〇万円、二〇万円、五万円となっています（詳細は六三頁参照）。

必要な書類も、仮渡金請求書のほか、事故証明書、印鑑証明書、医師の診断書、代理人を頼む場合は委任状と代理人の印鑑証明書と簡単になっています。

なお、入院費用などで困っていることを逆手にとって、示談の成立を迫る加害者がいれば、これは信義にもとる行為ですので、絶対に拒否しましょう。

ポイント　病院費用にも困るからといってあわてて示談をしないこと。

7 自動車保険の基礎的なことを知っておこう

示談の注意点④

強制保険は被害者の救済が目的で作られた保険

自動車保険には、車の所有者が必ず加入しなければならない自動車損害賠償責任保険（自賠責保険と略し、一般に法律により加入を強制されているところから強制保険とも呼ばれています）と、損害賠償額が強制保険金でまかないきれない場合にこれを補填する保険で、加入が任意の任意保険とに大別されます。

かつては、交通事故を起こした加害者が、損害賠償金を払えず、被害者が泣き寝入りするというケースもありました。そこで、昭和三〇年に、被害者救済を目的とした自動車損害賠償保障法（以下、自賠法と略）が制定され、人身事故について被害者を救済するための方策を講じました。その一つが強制保険（自賠責保険）の制度です。

支払われる保険金額は、死亡の場合が最高三〇〇〇万円、傷害の場合が最高一二〇万円、後遺障害が残った場合には等級に応じて一級で最高三〇〇〇万円～一四級が七五万円となっています。なお、後遺障害一級で常時介護が必要なときの支払限度額が三〇〇〇万円から四〇〇〇万円に、また二級で随時介護が必要なときの支払限度額が二五九〇万円から三〇〇〇万円に改定されました（平成一四年四月一日から）。

強制保険では足りない部分を補うのが任意保険

交通事故による損害賠償額は、物価の上昇に連れ、年々高額化していますので、強制保険金の範囲内で解決できるものではありません。

そこで、強制保険金でまかないきれない部分を補塡する保険として、任意保険が損害保険会社から売り出されています。

任意保険には、人身事故のための対人賠償保険、物損事故のための対物賠償保険、自分の車の破損のための車両保険、運転手や同乗者のための搭乗者傷害保険、加害車両に保険が付いていないときのための無保険車傷害保険などがありますが、最近、加入が増えているのは対人と対物を組み合わせた自家用自動車総合保険です。自家用自動車総合保険が売れている理由は、万一、事故を起こした場合、保険会社が加害者に代わって、被害者との示談交渉をしてくれるところにあるようです。そのため、示談交渉付保険とも呼ばれています。

任意保険については、どの保険についても、保険会社で支払いに関して約款を作成しており、ここに書かれている内容に違反すると、保険金が支払われない場合がありますので、注意が必要です。また、加害者が事故を起こした場合には、保険会社への報告義務を課しており、これを怠ると保険金が支払われません。

なお、保険自由化で新型保険が売り出されています。保険料・補償内容等を確認しましょう。

ポイント　任意保険には免責条項（違反すると支払われない）があるので要注意。

示談交渉の相手①

8 示談交渉はほとんどの場合、保険会社から来る

どうして保険会社の示談の代行は認められるのか

初めて事故の被害者になった人は、加害者が示談交渉の場に顔を出さず、保険会社（損保会社）の担当者が出てくるのに驚かれるようです。中には、怒りだす被害者もいます。

弁護士法では、弁護士以外の者が、報酬を得る目的で示談交渉などをすることを禁止しています（七二条）。では、どうして損保会社は加害者に代わって示談の代行ができるのでしょうか。実は、昭和四八年に、日本弁護士連合会と損害保険協会が協議を行い、被害者からの任意保険の直接請求を認めること、紛争解決のための機関である交通事故裁定委員会（現在の交通事故紛争処理センターの前身）を設けるなどの条件の下に、示談代行付きの保険（家庭用自動車保険）が認められたという経緯があったのです。その後、家庭用自動車保険は現在の自家用自動車総合保険（SAP）に吸収され、任意保険では自家用自動車総合保険が主流になっています。

現在では、任意保険に加入している人の大半が、自家用自動車総合保険の加入者です。そのため、交通事故の示談交渉の場には、保険会社の代理人が来ます。この保険会社から示談交渉に来る人は、一年間に何十件も解決している交通事故に精通したプロです。

保険会社から来る示談の交渉の担当者は、その保険会社の決めている任意保険の支払基準の

範囲内で何とか話をつけたいと頑張ってきます。この支払基準は通常、裁判になった場合よりも低い金額なのです。

一度、保険会社の示談担当者の話を聞いてみる

「見舞いにも来ない、通夜や葬儀にも顔を出さないような加害者とは、示談交渉はする気はない」と言って、保険会社の代理人との示談交渉を蹴飛ばすことは自由です。しかし、それではいつまでたっても損害賠償の問題は解決しません。放っておくと、時効により損害賠償請求権は消滅してしまいます。

保険会社から示談交渉に来るということは、考えようによっては、長所がないわけではないのです。一つには、事故に直接関係していない第三者ですから、冷静に（感情的にならず）客観的に交渉が進められること、二つ目は、保険会社との間で示談ができれば、その金額の保険金が支払われること、です。ですから、保険会社から代理人が示談交渉に出てきたら、とりあえず一度は話を聞いてみることです。それからどうするかは、話を聞いた上で決めればよいのです。

ポイント　事件屋とは絶対に交渉しないこと。

★事故係や加害者の代理人が交渉に来たら

保険会社の代理人以外にも、代理人として示談交渉に来るケースがあります。例えば、バス会社、タクシー会社、運送会社などのように、数多くの車を使用しているような場合です。

事故係も、示談交渉のプロです。彼らの仕事は、いかに被害者の請求を低く押さえるかが主です。事故係との対応も保険会社の代理人の場合と同様です。

また、それ以外に、加害者の親戚の人とか、友人とか、上司とかいう人が、示談交渉に来る場合があります。その場合には、本当に示談交渉を行う代理権があるかどうかを確認することが不可欠です。加害者自身の委任状を持っているかどうかをまず確かめることです。

9 加害者以外にも損害賠償責任を問える場合がある

示談交渉の相手❷

未成年者の起こした事故と損害賠償義務者

未成年者が、交通事故のような不法行為をした場合、その行為の結果、何らかの法律的な責任が発生するんだということを判断するだけの能力（これを責任能力といいます）を持っている場合には、未成年者自身が損害賠償責任を負うことになります。この責任能力が備わる年齢は、判例を調べてみますと、一二歳〜一三歳ぐらいとされています。したがって、単車や自動車の運転を許されている未成年者の場合、まず損害賠償責任は未成年者が負うことになります。しかし、現実問題として、未成年者には資産もなく、支払能力もないのが普通です。

その未成年者が働いており、雇主の業務のために運転中であったり、雇主所有の車を運転中に起こした人身事故であれば、雇主に運行供用者責任がありますから（自賠法三条）、雇主を交渉相手にできます。また、事故を起こした車が父親所有の名義であるとか、家族全員がその車を運転していた場合には、任意保険に加入しているでしょうし、またファミリーカーの原則により、父親を交渉相手として交渉できます（保険会社の代理人が出てくるでしょうが）。さらに、未成年者が自分所有のバイクで事故を起こした場合には、バイクの購入代金や維持費を親が出していた、あるいはその未成年者がたびたび事故を起こしていたのに、親が無責任に放置していたというような場合には、前者は自賠法三条により、後者は親の監督責任（民法七一四条）に基づいて親の責任を追及できます。

会社の車の事故で会社が損害賠償責任を負う

従業員の起こした事故について、会社は民法上の使用者責任を負います(七一五条)。しかし、この場合には被害者の側で、損害の立証に加え、加害者の故意、過失を立証しなければなりません。そこで、人身事故については、「自動車損害賠償保障法」に基づき会社の責任を追及するとよいでしょう。この法律では、自動車を所有する者、車を使用する権利を持つ者で、自己のために自動車を運行の用に供する者を運行供用者と規定し、運行供用者にも交通事故による損害賠償責任を負わせて(同法二条、三条)、運行供用者の側に、①自己または運転者が十分な注意義務を尽くしたこと、②被害者または第三者に故意過失のあったこと、③自動車に構造上の欠陥または機能上の障害のなかったこと、の立証責任を負わせたのです。この証明は困難で、無過失責任に近い責任を加害者側に負わせたものといわれています。

なお、従業員の自家用車による事故についても、会社が共同して責任を負う場合があります。それは、従業員の自動車を会社の業務用に会社が使用させていた場合です。それ以外は、会社が従業員の通勤にマイカーの使用を許し、会社が駐車場を提供し、ガソリン代も提供していたというようなケースでも、会社の運行供用者責任は認められません。

ポイント　運転手よりも会社の方が損害賠償は取りやすい。

示談交渉の相手③

10 加害者が事故により死亡した場合は相続人と交渉する

加害運転者以外に事故の責任を負う者もいる

この問題に入る前に、交通事故が起こった場合、誰がその損害賠償責任を負うのかという基礎的なことを述べておきましょう。どのような事故の場合でも、その車を運転していた運転手が責任を負うことはいうまでもありません。

人身事故については、その車の運行供用者が責任を負います。運行供用者という言葉は、ドイツの学説を輸入したもので、なじみがありませんが、平たく言えば、その車の運行を支配していた者のことです。たとえばバスが人をはねて死亡させた事故の場合には、そのバスを所有し、バスを走らせることで利益を得ていたバス会社が運行供用者となります（自動車損害賠償保障法三条、以下自賠法と略）。現在は、人身事故の大半はこの運行供用者責任が問われています。物損事故については、事故運転手の使用者も責任を負います（民法七一五条）。

加害者死亡の場合に相続人が損害賠償責任を負う

事故を起こした加害者が死亡したという事故の場合には、その車が自家用自動車総合保険に加入していれば、保険会社から来る代理人と交渉することになるでしょう。事故の責任は、その車が自家用車で、私用運転中の事故であれば、損害賠償責任を負うのは、加害者自身です。

加害者が死亡した場合、加害者の相続人が損害賠償責任を相続しますので、相続人を相手にすることになります。

相続というのは、プラス財産の相続と思われがちですが、借金などのマイナス財産も相続します。ですから、加害者の第一相続人が誰かを調べ、その人と交渉することになります。

たとえば、妻と子供がいれば、これが第一相続人です（妻が二分の一、残りを子供の数で等分します）。子供がいなければ、妻と加害者の親が相続人です（妻が三分の二、残りを親の数で等分します）。親もいなければ妻と加害者の兄弟姉妹が相続人となります（妻が四分の三、残りを兄弟姉妹の数で等分します）。兄弟姉妹もいなければ、妻だけが相続人となります。

なお、子供が未成年者の場合には、その分は親権者である妻に対して請求することになります。

加害車両が加害者の勤務先の車であったり、あるいは業務中の事故であれば、加害者の相続人の他に、運行供用者である加害者の勤務先の会社も、損害賠償責任を負います。

ポイント　責任を負う者が複数いれば取りやすいところに請求。

★下請会社の車や貸した車の事故の賠償責任者

●下請会社の車の起こした事故

法律的に言えば、元請会社と下請会社は別々の法人ですから、下請会社の所有する車で起こした事故の責任を負う必要はありません。しかし、裁判所は被害者救済を重視します。

そこで、元請会社の出した仕事中に下請会社の車が事故を起こした場合、元請会社に指揮監督権があると認められる場合には、車に対する運行支配があるとして、元請会社にも責任を認めています。

●レンタカーの事故の責任

その車を長期間（数か月以上）にわたって借りていた場合は別ですが、たとえばドライブに行くためとか、帰省するために借りていたという場合には、レンタカー業者には、運行供用者責任があるとされています。

示談と損害賠償額❶

11 示談では損害賠償額は自由に決められる

示談をするときは後遺症については別途取決めをする

交通事故の示談というのは、交通事故によって発生した損害賠償の問題を、被害者と加害者（代理人を含めて）とが譲歩しあって話合いにより決めて解決を図ることです。示談は話合いですから、お互いが納得すれば、損害賠償額をいくらにするかは自由に決められるのです。

ただし、法律的には示談も和解契約（民法六九五条、六九六条）の一種ですから、一度示談が成立すると、決まった金額以上の金は請求できなくなります。後になって、慰謝料の分の請求が洩れていたことがわかっても、ダメです。ですから、一般的には、示談書の末尾には、「本示談書に記載した事項以外には、債権債務がないことを確認する」旨の一項を入れます。

例外は、示談成立後に後遺症が発生した場合です。後遺症の場合、示談成立時に、後遺症の分も含めて示談をしたことが明らかな場合を除いて、後遺症の分を別に請求できるというのが判例です。

交通事故の損害賠償については定型化、定額化が図られている

たとえば、物を壊したという損害賠償請求ですと、物の値段、買い換える費用などが損害賠償額を決める基準となりますが、人身事故の慰謝料の場合、いくら請求してよいかわかりません。

物が壊れたときなどの損害額は自由に決められるとはいっても、おのずから相場がありますが、人身事故については相場を出すことは困難があります。たとえば、傷害事故の慰謝料は、被害者が傷を負ったことに対する精神的な苦痛に対する損害賠償です。かつては、同じ足一本をなくした事故について、北海道の裁判所と東京の裁判所とでは慰謝料額に大きな開きがありました。

このような地域によるバラツキをなくし、増加する交通事故による損害賠償訴訟に迅速に対応するため、東京、大阪、名古屋の裁判所により、損害額の定型化、定額化したものが公表されていました。現在では、いくつかの基準が公表されていますが、その一つは日本弁護士会の交通事故相談センターが、最近の判例・実務の動向、物価・賃金水準等の経済的な諸事情を考慮して作成した『交通事故損害額算定基準』を二年に一度発行しています。本書でこれから解説する損害額の基準は、原則としてこの『交通事故損害額算定基準二七訂版』(令和二年二月発行)に基づくものです。

ポイント　弁護士会の基準は保険会社の基準よりも高い。

★違法駐車に損害賠償

深夜、バイクで走行中の男性(当時二二歳)が違法駐車のダンプカーに衝突して死亡した事故で、千葉地裁は「現場の危険性を熟知しながら車(ダンプ)を放置した」として、違法駐車の運転手の過失を六五％と認定し、ダンプ運転手に二七三〇万円の損害賠償を命ずる判決を言い渡しました(平成一三年一月)。

また、さいたま地裁は、自転車に乗っていた少女(当時八歳)が違法駐車のトラックを避けようとして対抗のフォークリフトにひかれて死亡した事故で、トラックおよびフォークリフトの運転手の過失を認めて、約三四九二万円の損害賠償の支払いを命じる判決を言い渡しました(平成一六年六月)。

12 どんな事故かによって損害賠償請求できる項目は違う

示談と損害賠償額②

事故の形態により請求できる項目は異なる

示談交渉の目的は、交通事故により被った損害賠償問題を解決することです。ですから、示談交渉をする前提として、どのような事故の場合に、どのような損害賠償の請求ができるのかを知っておくことが不可欠です。

① 傷害事故の場合――具体的には次頁の表のとおりですが、大まかに分けると、実際に支出した費用である積極損害、仕事を休んだための休業補償（消極損害）、精神的な苦痛に対する損害賠償である慰謝料の三つです。

さらに後遺症が残った場合には、後遺症のために得られるはずの利益が得られなくなった損害（逸失利益）と後遺障害に対する慰謝料が追加されます。

② 死亡事故の場合――実際にかかった死亡までの治療費や葬儀費用などの積極損害、生きていれば稼げたはずの逸失利益、慰謝料の三つです。

③ 物損事故の場合――修理が可能な場合には修理費、車が使えなかった間の営業補償（休車料や代車料）、全損の場合の買換え費用などです。

ポイント 損害賠償は、①積極損害、②消極損害、③慰謝料などが請求できる。

●死亡・傷害事故の損害賠償項目

- 財産的損害
  - 積極損害
    - 医療関係費
    - 交通費
    - 葬儀関係費
    - その他
  - 消極損害
    - 逸失利益
    - 休業損害
- 精神的損害
  - 慰謝料

●物損事故—修理費・全損は事故直前の交換価格など

※1・被害者に過失があった場合は、その過失割合によって減額されます。

※2・訴訟になった場合、弁護士費用を請求できます（裁判所の認容額の一割程度）。

★事故係の手口に用心

加害者の勤め先がタクシー会社、バス会社、運送会社など数多く自動車を利用している会社の場合、示談交渉にやってくるのは事故係と呼ばれる人です。

これらの会社では、往々にして任意保険に加入しておらず、そのため事故係としては、強制保険金の範囲内で示談をすることで、会社の出費をいかに押さえるかが腕の見せ所となるわけです。中には、事故直後に一万円札を並べて、頭を擦り付け、示談をせまってくる事故係もいるそうです。

いずれにせよ、被害者としては、相手が何を言ってきても、それにすぐに応じることは危険です。まず、自分で、自分の受けた損害はいくらになるか、計算してみることです。

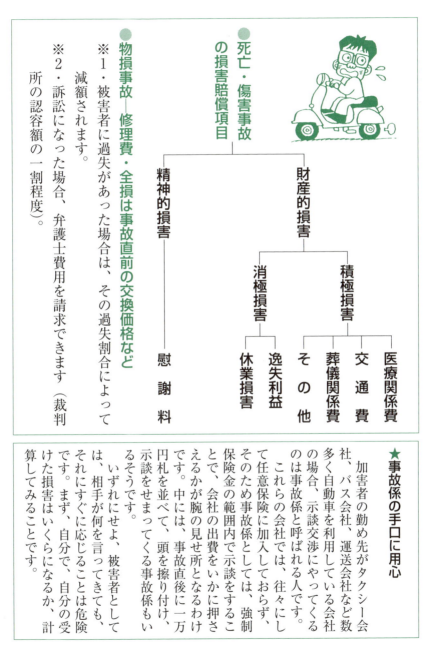

13 損害賠償額を算出する際の基準は三つある

同じ自動車保険でも強制保険と任意保険では基準が異なる

算定基準が三つもあると言われると、交通事故に初めてあった方は驚かれるかもしれません。この三つの基準を説明する前に、自動車保険と損害賠償の関係を説明しておきましょう。

交通事故の被害者を救済するために、昭和三〇年に自動車損害賠償保障法が制定され、同時にすべての自動車に強制的に加入することを定めたのが自賠責保険（一般的には強制保険と呼ばれている）で、これは人身事故について支払われる保険です。

加害者が任意に加入できるのが任意保険で、たとえば人身事故について損害賠償金額が高額なため、自賠責保険では支払いきれない部分を補塡する役割をする保険です。そのため強制保険の上積み保険ともいわれます。このような対人賠償保険のほか、任意保険にはいろいろな種類の保険があります。

人身事故の被害者は、まず強制保険金を請求し、損害賠償額がこれを超えるときに任意保険金から、それでも足りない場合は加害者から支払ってもらうことになります。

そのため、強制保険には**強制保険独自の算定基準**（限度額）が定められており、また任意保険も**損害保険会社が独自の算定基準**（限度額）を定めています。ただし、この基準も絶対的なものではありません。確実な証拠資料により証明したときには、基準を超えて支払ってもらえる場合もありますし、また裁判で判決が出た場合には基準を超えても保険会社は支払います。

裁判所の基準に代わって登場したのが弁護士会基準

最後の基準は、**弁護士会（裁判所）の基準**です。

交通事故が激増し、事故による死亡者が初めて一万人を超え、交通戦争という言葉が生まれた昭和四五年頃、交通事故の損害賠償請求事件も増加しました。そこで東京地裁では、訴訟の迅速化と、担当裁判官によるバラツキをなくすために、損害賠償の各項目について、定型化、定額化を図り、公表しました。大阪地裁、名古屋地裁もこれに追随しました。しかし、この基準も毎年改訂するわけではないので物価の上昇に追いつけず、定額化は低額化につながるとか、定型化は裁判官の自由な判断を阻害するなどの批判が出始め、裁判官は公表を止めました。

現在、日弁連交通事故相談センター（日本弁護士連合会）では、最新の判例の集積・分析、物価の上昇などの経済的要因を考慮に入れ、二年に一回、『交通事故損害額算定基準』を発表しています。また、日弁連交通事故相談センター東京支部は毎年『民事交通事故訴訟　損害賠償額算定基準』を発表しています。

本書で説明する基準は、この弁護士会（日弁連交通事故相談センター）の基準で、強制保険や任意保険の基準より、金額は高めになっています。

ポイント　弁護士会の基準は裁判になれば認められると思われる基準。

14 まず、自分で損害賠償額を計算してみる

示談と損害賠償額④

自分で賠償額を出してみることが損害賠償の理解につながる

被害者が示談交渉をする前に、必ずやるべきことの一つに、被害者の被った損害額を計算してみることです。交通事故の示談というのは、交通事故により生じた損害賠償額をいくらにするかを話合いで決めることです。

加害者側から何らかの提示があるだろうから、それまで待っていようというのでは話は進みません。また、損害賠償なんてわからない、などといっているようでは、損害保険会社等から来る担当者にいいように言いくるめられてしまいます。

具体的な損害賠償請求できる項目と、損害額の計算方法は、次の第2章〜第4章で、事故の類型別に詳しく解説しましたので、これを読んで、できるだけ自分で電卓をはじいて算出してみてください。実際に自分で損害賠償額を計算して、示談交渉に臨めば、相手方の言い分も理解できますし、何もわからないままで交渉に臨むのとは雲泥の差です。

自分で出してみればどんな資料が必要かわかる

自分で損害賠償額を算出する作業をしていると、そのためにはどんな資料が必要かわかってきます。この必要な資料を集めることも、示談交渉前にしなければならない必要な事項なので

す。もちろん、強制保険金を請求する場合にも、あらかじめ決められている書類を集めることが必要です。また、任意保険請求の場合にも、必要な書類は決まっています（詳細は一九一頁参照）。

しかし、損害賠償を自分で算出する場合には、保険金請求に必要な書類とは異なった書類がいくつもあります。たとえば、傷害事故にあい、仕事を休んだために収入が減少したという場合、あるいは死亡事故のため将来得るはずであった利益（逸失利益）を算出する場合は、収入の証明をしなければなりません。会社員であれば、源泉徴収票で簡単に証明できますが、農業、商店経営、個人事業主などの収入証明は簡単ではありません（詳細は一二四頁参照）。

損害賠償で被害者が必ずしなければならないことは、収入額の証明です。これは被害者の責任であり、この証明ができないときには、収入がなかったことにされてしまうかもしれないという危険があります。

ポイント　被害者にとり重要なのは収入の証明と過失の証明。

★相談所の利用

加害者側と示談交渉を始める前に最後になすべきことは、自分の計算した損害賠償額が妥当なものかどうかを、交通事故の相談所で見てもらうことです。

一口に交通事故相談所といっても、いろいろな機関がありまます。そして相談所によってそれぞれの特長があります。たとえば、損害保険会社が行っている相談所は、保険については詳しいのですが、法律問題には弱いのです。また、都道府県や市町村でも法律相談を行っていますが、ここは交通事故に詳しい人とそうでない人が混在しているのが難点です。

一番のお勧めは、全国各地の弁護士会で行っている日弁連交通事故相談センター、もしくは高等裁判所の所在地にある交通事故紛争処理センターです。

示談書の作成①

15 示談が成立したら示談書の作成を忘れるな

示談書にはどのようなことを書いたらよいのか

損害賠償金についての話合いが行われ、話がまとまれば示談交渉は終了します。その場合の最後の総仕上げが、示談書の作成です。示談書の作成は、特に専門家に頼まなくても、自分で作成できます。ただし、ここでミスをおかすと、それまでの苦労が水泡に帰してしまいます。

示談書作成のポイントは、事故の表示、示談の内容（示談条件）、当事者のサインの三点です。示談書の形式は自由ですが、九七頁以下・一三六頁以下・一五九頁にサンプル（横書き）を掲げましたのでこれに従って解説します。既製の書式（損害保険会社備付けのもの）を利用するのもよいでしょう。ここでは、示談書作成の要領を掲げておきます。なお、示談代行付の自動車保険に加入している場合は、示談内容を記載した示談書を保険会社が用意してくれます。

① 書き出しは、「示談書」と書き、当事者の住所氏名を書きます。横書きの場合、次の行に「下記交通事故について、本日、下記の条件で示談が成立した」等と書きます。

② 交通事故を特定するために、行をかえて「事故の表示」と書き、以下の事項を書いてください。事故の日時、事故発生の地名、被害者氏名（複数の時は全員）、被害の区分（死亡、負傷、物損の別）、加害運転者氏名、加害車両保有者氏名（または雇主名）、加害車両登録番号

（被害車両があるときは同様に書く）、事故発生の状況

③　どんな条件で示談したかを書きます。これは示談書の命ですからしっかり書いてください。

④　最後に当事者のサインと押印をしてください。当事者が複数のときは、全員がサイン、押印をします。会社が当事者の場合には、会社のゴム印を押し、さらに社長の印を押します。未成年者の場合には、両親がサイン、押印をします。

示談金が分割払いのときに注意することは

一番望ましい形態は、示談金を一度にもらい、同時に示談書にサインをすることです。しかし、示談交渉の結果、金銭の受領は後日になることもありますし、分割払いになるケースもあるでしょう。被害者にとって、大事なことは、示談交渉が終わっても金銭の受領がすむまでは領収書を出したり、示談書の中に領収済みなどの文言を入れないことです。

なお、分割払いにするときに忘れてならないのは、過怠約款を入れておくことです。過怠約款というのは、加害者側は分割払いを怠ったときの条項で、一般には「一回でも支払いを怠ったときには、その時の残額を一時に支払わなければならない」とする期限の利益喪失条項です。

もう一つは、違約金条項です。「もし、加害者が支払いを怠ったときには、違約金〇〇万円を示談金〇〇〇万円に付加して支払う」というように書きます。一般に違約金は、示談金の一〇～二九・二パーセント（利息制限法の遅延損害金の上限利率）が相場のようです。

ポイント　示談書案ができ上がったら弁護士にみてもらうのも一方法。

16

示談書の作成❷

示談を公正証書にしておくと強制執行ができる

示談金が支払われない場合に備えてなすべきことは

交通事故の解決は示談書を作成して終わりというわけにはいきません。示談書の作成と損害賠償金が引換えならばいいのですが、分割払いや○月○日に支払う約束になっていれば、それが実行されるまでは終わらないのです。

もし、示談条件に違反して、約束の期日に、示談金が支払われない場合には、どうしたらよいでしょうか。

一般に、当事者同士で作る示談書のことを私製証書といい、私製証書には強制執行ができる効力がありません。ですから、示談金を支払ってもらえない場合には、私製証書を証拠として、裁判を起こして判決をもらい、その判決書をもとに相手の財産を競売するなどの強制執行をして回収を図ることになります。

ところが、示談の内容を公正証書にしておくと、相手がこれに違反した場合には、裁判を起こす必要がなく、この公正証書に基づいて強制執行ができるのです。

公正証書にするための必要な手続きは

示談の内容を公正証書にするには、当事者双方が最寄りの公証役場に出向いて、公証人に対して、これこれの内容の示談書を公正証書にしてほしいと頼めばよいのです。あらかじめ作った示談書があれば、それを持参すればよいでしょう。

公証役場では、本人かどうかの確認をしますので、実印と印鑑証明書を持参します。忙しくて代理人に頼む場合には、本人の実印を押した委任状（印鑑証明書付き）と代理人の印鑑証明書が必要です。その委任状には、示談条件をすべて書いておくことが必要です。

公証人は示談について相談に乗ってくれるわけではありませんが、元裁判官とか検事とかをやっていた人が公証人ですから、申し出た示談の内容に法律的な間違いや不備があれば訂正してくれます。

公正証書により強制執行ができるためには、示談の内容が金銭の給付に関するものであること、債務者（加害者）が「支払いを怠った場合には強制執行をされても異議がない」旨の執行認諾条項を入れていることが条件となります。公正証書に要する費用は、示談金額により異なりますが、示談金額が一〇〇万円までなら五〇〇〇円、一〇〇〇万円までなら一万七〇〇〇円というようにそれほど高い費用ではありません。

なお、保証人を立ててもらい示談書を作成するのもよいでしょう。また、場合によっては担保（土地などの抵当権）を設定した示談書をつくる方法もあります。要は、保険会社からいくら支払われ、本人がいくら支払うかによって、対応を考えることです。

ポイント　公証役場には管轄がないのでどこの公証役場に頼んでもよい。

示談の不成立❶

17 示談が成立しない場合には調停・訴訟の申立てをする

示談不成立や示談金が払われない場合

これ以上話合いを継続しても、示談による解決は困難と判断した場合（一〇～一五回程度の話合いが限度でしょう）、次の解決方法を考えなければなりません。

次に考えられるのは裁判所の手を借りる解決方法です。これには調停と訴訟がありますが、調停は結局は話合いですので、訴訟をするかどうかという判断を迫られることになります。この場合、まず最初に考えなければならないことは、加害者に十分な任意保険が付いているか、または加害者に損害賠償を支払うに十分な資産があるか、です。加害者に任意保険も、資産もなければ、どんな高額な勝訴判決をもらっても、損害賠償金は取れず絵に画いた餅です。そのためには、訴訟を起こす前に加害者の保険の有無、資産の有無を調査することが必要です。

現在の法律制度の下では、最終的に加害者に支払わせるためには、加害者が示談で決めた金額を払ってくれない場合も同様ですが(示談書を証拠書類として、訴訟を起こし判決をもらい)、判決に基づいて加害者の財産を差し押さえ、競売するしかないのです。示談交渉に際しては、加害者に資力がないときには、たとえ金額は譲歩しても、お金をもらって示談を成立させる方がよい場合もあるのです。そのあたりの判断は専門家に相談して決めた方がよいでしょう。

民事調停・訴訟による解決法

〔民事調停〕　調停は、裁判所の調停委員に仲介してもらって、加害者と被害者とが話し合い、お互いに譲歩しあって、紛争を解決するというものです。調停のメリットは専門家の調停委員が中に入り、公平な立場から解決のためのまとめ役をしてくれますので、相手が弁護士や保険会社あるいは会社の事故係などを代理人に立ててきた場合は、この調停を利用するのもよいでしょう。また、相手に資力がないときも、弁護士を立てて時間と費用をかけるより、調停で解決して分割払いなどの方法により気長に回収する方がよい場合もあります。調停の申立ては被害者の住所地を管轄する簡易裁判所でも起こせます。裁判所に行けば、申立書の用紙もあります。手続きで分からないことがあれば受付で質問すれば、たいていのことは教えてくれます。

〔訴訟〕　訴訟は裁判所に申し立てて、裁判所の判断で白黒をつける制度です。相手方に一四〇万円以下の損害賠償を求める場合は簡易裁判所に、また、一四〇万円を超える場合には地方裁判所に訴状を提出します。訴訟は被害者の住所地、事故現場、加害者の住所地を管轄するいずれかの裁判所で行うことができます。

訴訟では最終的には判決が言い渡されますが、判決まではいかずに大半は訴訟中の和解（示談）で解決しています。なお、調停調書や勝訴の判決・和解調書により、相手方がその内容を実行しないときには、強制執行の手続きをとることができます。

ポイント　話し合ってもダメという場合、調停や訴訟による解決法がある。

■民法改正と交通事故への影響

民法の債権編等が改正され、令和二年四月一日に施行されています。これに伴い、自賠責の支払基準も一部が改訂さまました。民法の改正がどのように影響するのでしょうか。

⑴法定利率の年五％（固定金利）から年三％（変動金利の当初）への改正（四〇四条二項）

死亡事故や後遺症が残った場合の逸失利益、将来の介護費用等においては将来かかる費用を現在の時点で賠償してもらうのですから、中間利息を控除します。中間利息は法定利率に対応するライプニッツ係数を掛けて算出しますが、法定利率が下がると中間利息は少なくなり、その結果、逸失利益や将来の介護費用等は大幅に増加します（計算式は九五・一三五頁参照）。一方、遅延損害金は、年率五％より三％の方が少なくなります。

なお、この年三％の法定利率は三年を一期として見直されます。

⑵不法行為の損害賠償についての消滅時効についての改正（七二四条・七二四条の二など）

交通事故の損害賠償は不法行為を原因として請求します。「損害及び被害者を知った時から三年間行使しない時は時効により請求権が消滅する」という規定は従前と同様ですが、除斥期間とされていた不法行為の時から二〇年については、この間に請求権の行使をしないときは時効より消滅するとされ、消滅時効とされました。

また、「人の生命または身体にを害する不法行為についての損害賠償請求権については、消滅時効を五年間とする規定を設けています。つまり、物損事故については「三年」、人損事故については「五年」で消滅時効にかかます。

なお、時効にかからせない手続としては、改正前は「時効の中断」でしたが、改正により「時効の完成猶予」となり、「協議を行う旨の合意による完成猶予」（一五一条）の規定の新設などの改正が行われています。

⑶相殺に関する規定の改正（七〇九条）

改正前の民法は、不法行為に基づく損害賠償請求権を受働債権とする相殺は一切禁止していました。改正民法では、特定の場合に認められることになりました。詳細は割愛します。

第2章

傷害事故の場合の示談交渉マニュアル

♧交通事故による負傷者は二〇一九（令和元）年には四六万一七七五人にものぼっています。こうした人のために本章では、傷害事故の示談交渉の仕方、示談書の作成法、損害賠償額の算定の仕方、示談書の作成法について解説しました。傷害事故の示談で活用してください。

●傷害事故での示談交渉の注意点

■重傷か軽傷か、後遺症が残るかどうかで損害賠償額は異なる

傷害事故で損害賠償として被害者が加害者に請求できるものには、①積極損害（治療費など）、②消極損害（休業補償・後遺症が残る場合の逸失利益）、③慰謝料、④弁護士費用（裁判で認容額の一割程度）があります。

ただし、被害者に過失があった場合には過失相殺がなされ、損益相殺もなされます。傷害事故を含めた事故の損害賠償が最も問題となるのが、過失割合です。過失相殺は損害賠償額の全額からその過失の割合に応じて減額がなされますので、一割その割合が違ったとしても、大きな金額になります。

被害者や保険会社が提示してきた過失割合に納得いかないときには、徹底して争うという姿勢も必要です。

このように、損害賠償額は、当然のことですが軽傷よりも重傷の場合が高額になり、後遺症が残る場合には逸失利益の分だけさらに高額になります。

交通事故の損害賠償額は、一応の基準はありますが、事故の態様もまちまちで、この場合はいくらという確定した基準はありません。したがって、どうしても加害者（保険会社）との話

合いがつかなければ、裁判所の判断を仰ぐことになります。

▩後遺症が残る場合は示談は慎重にする

被害者と加害者（保険会社）との話合いがまとまれば、示談書が作成されます。示談書は一度作成されれば、その内容について後で変更することは、原則としてできません。したがって、いつ示談交渉をはじめてもいいのですが、通常は退院後に示談交渉を開始します。後遺症があるとき、または後遺症が出そうなときは、後遺障害等級の認定が出るまでは示談交渉には入るべきではありません。後遺障害のあるときは、損害賠償額がさらに高額になるからです。

では、後遺症がないと思って示談したが、その後で後遺症があることが分かった場合はどうするのでしょうか。一度示談をすると、原則としてその内容は取り消すことができませんが、判例で示談成立後の後遺症についての損害賠償の請求を認めています。

なお、示談交渉で注意することに時効の問題があります。交通事故などの損害賠償の請求権の消滅時効は、被害者または代理人が損害および加害者を知った時から三年、人の生命または身体を害する不法行為（人身事故）については五年です。また、保険会社に対する保険金の請求権の時効は三年です。この年数を経過すると、損害賠償請求権は時効により消滅し、請求できないことになります。

ただし、後遺症については例外が設けられていて、後遺症の場合の損害賠償請求権の時効は五年で、後遺障害認定時（後遺症についての医師の診断書が出た日）が時効の起算日となります。

傷害事故と示談交渉❶

1 入院・通院の費用は健康保険も利用できる

治療を強制保険・労災保険でするか、健康保険でするか

交通事故によって負傷して、通院・入院することになったときには、自動車保険の強制（自賠責）保険、健康保険、労災保険のいずれかが使えます。ただし、労災保険の場合は「業務中」の事故である必要があり、この業務中には、会社主催の旅行中に事故にあった場合や、自宅から会社への出勤途中の場合の事故も業務上（業務関連性あり）とみられています。

では、どの保険による治療を選べばいいかといいますと、どの保険から先に使うという決まりはなく、また、どの保険を選んでも治療に差がでることはあまり考えられません。ただし、加害者は初めから健康保険や労災保険を使いたがりますし、病院は大病院のときは何もいいませんが、小病院のときは初めから強制保険（ついで任意保険）を使いたがります。これは強制保険や任意保険では自由診療が認められるので、健康保険より高い単価（二～四倍くらい）が認められているからです。

しかし、被害者にしてみれば、強制保険から出る傷害事故の最高限度額の一二〇万円がなくなってしまう心配があります。たとえば、健康保険を使い六〇万円の治療費がかかったとしますと、強制保険からの残りの六〇万円を休業補償等の賠償に回すことができます。しかし、初

めから強制保険を使ってしまい、治療費が一二〇万円（健康保険の二倍）かかったとしたら、強制保険の保険金はなくなってしまいます。だから加害者が任意保険に入っておらず、また資力がないなどの場合には、被害者は申し出て健康保険を使うのが有利です。

実務上、交通事故の治療費については、加害者が任意保険に加入していれば、一般的には、医療機関と保険会社との間で、自賠責保険の分も含めて治療費を支払う一括払いの約束の下で、治療機関から保険会社へ請求する取り扱いが行われています。入院するような事故の場合には、病院が被害者に代わって保険会社に治療費を請求するわけです。そのために、保険金の請求を病院に委任する旨の委任状にハンコを押すように求められます。初めての人は不安になるようですが、一般に行われていることです。

轢き逃げで加害者がわからないときや無保険車のとき

轢き逃げにあい加害者がわからない場合があります。また、加害者が強制保険に加入していない場合があります。このような場合には、自動車損害賠償保障法により政府保障事業という制度があり、給付金の支払請求をすることができます。請求はどの保険会社にしてもかまいません。請求書が提出されますと保険会社から国に通知が行き、支払いのための手続きがなされます。給付金は、強制保険と同じで、傷害事故で上限が一二〇万円(死亡事故は三〇〇〇万円)です。ただし、給付金がおりるまでには、一年以上かかることもあります。

ポイント　治療は健康保険でもできる。

2 示談交渉の相手は加害者とは限らない

示談交渉の相手は保険会社だと思え

事故後に被害者への挨拶に加害者が来ただけで、示談の交渉は保険会社の社員が来るというケースが最近では多くなっています。示談代行付保険の加入の増加にともない、今日、損害賠償の交渉相手は保険会社が主であるとまでいわれるようになっています。

これは、保険会社の人は加害者の代理人として来ているのです。この代理人はなにも保険会社の人だけとは限りません。代理人は弁護士であったり、加害者の勤める会社の社長であったり、加害者の勤める会社の事故係だったり、加害者の身内であることもあります。

加害者は代理人を自由に選任できるのですから、被害者としては、まずその代理人がどういう人物かを見極める必要があります。そして、事件屋の類であったり、不誠実に思われる代理人の場合には、加害者に対して、代理人を代えてくれるよう申入れをすることも必要です。

被害者の中には、どうしても本人と交渉したいという人もいます。しかし、加害者と被害者が示談の交渉をすれば、感情的になってしまい、なかなか交渉がまとまらない場合もあります。また、通常、賠償金の相場などの知識が不足しているために、時間も長くかかることが考えられます。

このようなことを考えると、保険会社の代理人と交渉した方がよい場合もあるのです。

示談交渉での注意点

保険会社の代理人が示談交渉に来る場合を想定して、以下に解説します。

傷害事故で入院した場合などには、まず、最初は保険会社の交渉担当者が挨拶に来ます。これは挨拶とともに、被害者の状況を知ることが主目的のようです。

本格的な示談の交渉は傷害の治療が完治してからということになります。このとき、保険会社は損害賠償額を提示します。比較的軽い傷害であれば、損害賠償額も少なく、強制保険の範囲内（傷害の場合一二〇万円まで）であれば、自賠責保険から支払われることになります。

この額を超えると任意保険から支払われることになりますが、この任意保険の支払額は各保険会社の支払基準（公表されていない）によって提示されることになります。ただし、この提示額はあくまで保険会社の支払基準に沿ったものであり、交渉で絶対に動かせない基準というものではなく、交渉の余地がありますので、十分検討することです。

というのは、保険会社の基準は、後の項で解説する日弁連交通事故相談センターの損害賠償額の支払基準よりも、一般的には低く設定されています。

したがって、保険会社の示す賠償額が低いと思ったら、アップする交渉を是非やってみてください。

ポイント　保険会社の提示する賠償額は日弁連交通事故相談センターの基準より低い。

3 当面の生活に困ったときは仮渡金・内払金を請求する

強制保険の仮渡金を請求する

傷害事故で入院が長引いたりすると、収入がなくなったりして、生活が苦しくなることがあります。加害者に資力があり、損害賠償の一部として支払ってくれればいいのですが、入院が長引くと、加害者も支払ってくれなくなる場合があります。

このようなときには、まず、自賠責保険（強制保険）の仮渡金の請求をすることです。仮渡金が支払われる要件および金額については、次頁の表を参照してください。

なお、仮渡金を請求すれば、約一週間程度で支払金を受け取ることができます。

強制保険の内払金を請求する

内払金請求は、傷害事故特有の制度です。治療が長引いて損害額の金額が決められない場合にこの制度を利用できます。すでに確定した治療費や休業損害等を一〇万円単位で請求できるというものです。この請求は、確定した損害額が一〇万円を超えるごとに強制保険の支払上限である一二〇万円になるまでは何度でも請求できます。

なお、仮渡金・内払金はともに被害者側から請求できますが、加害者側からの請求は内払金の請求（加害者が支出している場合）のみできます。また、轢き逃げなどで政府保障事業に対する塡補《てんぽ》金請求の場合には、仮渡金・内払金の制度はありません。

ポイント　生活に困ったら仮渡金・内払金を請求する。

●仮渡金（自賠法施行令5条）

事　　項	金　額
1. 死　亡	290万円
2. 次の傷害を受けた者 ㋑　脊椎の骨折で脊椎を損傷したと認められる症状を有するもの ㋺　上腕または前腕の骨折で合併症を有するもの ㋩　大腿または下腿の骨折 ㋥　内蔵の破裂で腹膜炎を併発したもの ㋭　14日以上病院に入院することを要する傷害で、医師の治療を要する期間が30日以上のもの	40万円
3. 次の傷害（前2の㋑から㋭までに掲げる傷害を除く）を受けたもの ㋑　脊柱の骨折 ㋺　上腕または前腕の骨折 ㋩　内蔵の破裂 ㋥　病院に入院することを要する傷害で、医師の治療を要する期間が30日以上のもの ㋭　14日以上病院に入院することを要する傷害	20万円
4. 11日以上医師の治療を要する傷害	5万円

※被害者からの請求しかできない。

●　内　払　金

すでに損害が確定した部分について10万円単位で請求。何度でも10万円を超えるごとに請求できるが、120万円が限度。

※加害者・被害者のどちらからでも請求できるが、加害者請求の場合、被害者に対する賠償金の支払いが現実になされたことが必要

傷害事故と示談交渉④

4 傷害事故の場合の保険について知っておこう

強制保険と任意保険

自動車損害賠償保障法で車の所有者が加入を義務づけられているのが自動車損害賠償責任保険（略して自賠責保険、一般には強制保険）です。傷害事故の場合、この強制保険から一二〇万円までが支払われます。

この一二〇万円の金額を超える賠償額となったとき、加害者が損害保険会社の自動車保険（任意保険）に加入している場合は、その損害保険会社との契約に従い、損害の塡補額の範囲内であれば保険金が下りることになります。また、任意保険に加入していない場合には、一二〇万円を超える損害賠償の部分については加害者が自腹をきることになります。

政府保障事業への塡補金請求

轢き逃げなどで加害者が不明のとき、自賠責保険切れによる無保険車による事故のとき、泥棒（盗難）運転による事故などで加害車両の保有者が運行供用者責任を負わないとき、には政府保障事業への塡補金請求ができます。ただし、労災保険・健保・国保の給付を受けた残りの損害額についてのみ請求可能です。

また、加害者から賠償金の給付を受けたときは、その金額は控除され、その支払いが強制保

●傷害事故と保険の種類

①自動車損害賠償責任保険
（強制保険・一二〇万円まで）

←

②自動車対人賠償保険
（任意保険・契約金額まで）

←

③任意保険の限度額を超える場合
（加害者負担）

○轢き逃げ等の場合には、政府保障事業に対する請求ができる（一二〇万円まで）
○損害額から控除されない保険
①生命保険の傷害・入院給付金
②搭乗者傷害保険金

険の限度額（傷害の場合は一二〇万円）を超えたときには、支給されません。
政府保障事業に対する塡補金請求は、強制保険を取り扱う損保会社、農協共済または全労災で取り扱っています。
なお、生命保険の付加特約に基づく傷害・入院給付金は損害賠償額からの控除の対象にならないとされています（最高裁判決・昭和五五年五月一日）ので、生命保険契約を確認するのもいいでしょう。
しかし、損害保険会社から支払いを受けた所得補償保険金は、損害のてん補を目的とする損害保険の一種であるとして、損害額から控除されることになります（最高裁判決・平成元年一月一九日）。

ポイント　傷害事故の場合一二〇万円までは強制保険から支払われる。

損害賠償額の交渉①

5 傷害事故の場合の損害賠償額の支払基準

損害賠償額は定型化・定額化されている

傷害事故の損害賠償額は、すでに第1章でもふれましたが、定型化・定額化されています。損害賠償額の支払基準としては、弁護士会の基準（日弁連交通事故相談センター・東京三弁護士会交通事故処理委員会）、強制保険の支払基準（傷害の場合には一二〇万円まで）、各損害保険会社作成の任意保険の基準があります。

示談交渉は一定の目安をもってする

損害賠償の交渉は、被害者にとってみれば痛い目にあったのですから、できるだけ多くとってやろうと思う人もいるかもしれません。しかし、交渉事ですので、一方的に高額の損害賠償を請求しても、相手は応じてこないでしょう。とくに、今日では保険会社が代理人として交渉の場に出てくる場合が多いので、損害賠償額の相場がどうなっているかは事前に調べておく必要があるのです。

以下の頁では、日弁連交通事故相談センターの支払基準をもとに、賠償額の算定を表で示しましたので、あなたの場合の賠償額がいくらぐらいになるかを検討してください。

ポイント　交渉の前に自分の事故の賠償額の相場を知る。

●傷害事故で後遺症がない場合の損害賠償額の算定法

〔支払われる損害賠償金の内容〕

①積極損害（治療費など）＋②消極損害（休業損害）＋③慰謝料

①過失相殺による減額　被害者に事故発生につき過失があると交通事故の態様ごとに基本的な過失割合と修正要素を一覧表にした『過失割合認定基準表』により算出した過失割合で損害賠償額が減額される。

（例）　損害賠償額 300 万円

＊被害者に過失なし――全額

＊被害者の過失 30 ％認定――支払われるのは 300 万円ではなく、30％減額された 210 万円となる

②好意同乗者からの請求　減額されない場合、慰謝料のみ減額する場合、全損害額から減額する場合の 3 通りがある。

＊慰謝料から減額――便乗型、運転者が誘った場合

＊全損害額から減額――共同危険関与型（もっとスピードを上げろなどと言った場合）

③損益相殺による減額　被害者が交通事故を原因として利益（各種の給付）を受けた場合、二重取りにならないように、その利得分が損害賠償額から控除される場合がある。

＊控除対象になるもの

・受領済の自賠責保険金、政府の自動車損害賠償保障事業給付金

・既払いの労災・健保・国保・厚生年金等の各種保険の給付金

・既払いの所得補償保険金

※後遺障害の場合：過失割合に応じて、2 割、3 割、5 割の減額がある

〔自賠責保険からの支払い〕

〔支払われる損害賠償金の内容〕

①積極損害（治療費など）＋②消極損害（休業損害）＋③慰謝料

〔支払額〕　120 万円を上限とする

①過失相殺による減額　被害者に重大な過失がある場合は、減額を行う（被害者の過失が 7 割未満の場合は減額なし）

＊減額割合は 20 ％のみ　加害者に責任がない場合は支払われない

※「慰謝料」とは、傷害事故では①ケガをしたこと、②後遺症が残ったことによる精神的苦痛に対する慰め料のことをいう。

※ケガで仕事を休んだために減った収入減は「休業損害」という。

●傷害事故で後遺症がない場合の損害賠償額の支払基準

	日弁連交通事故相談センターの基準	自賠責保険基準（120万円まで）
積極損害	〔治療費・入院費〕 必要かつ相当な範囲で実費全額が認められる。健康保険の利用もできる。 ・鍼灸・マッサージ・治療器具・薬品代等は医師の指示がある場合、有効かつ相当な場合に認められる。温泉治療費は医師の指示がある場合には認められる ・症状固定後の治療費、将来の治療費（リハビリ・将来の手術費など）はその症状の固定後も、症状の内容、程度、治療の内容により症状の悪化を防ぐなどの必要があれば認められる 〔入通院交通費〕 原則として実費。 ・タクシー代は相当性（ケガの程度、交通機関の便）があれば認められる ・自家用車の場合は、ガソリン代、高速道路代、駐車場代などの実費 〔付添看護費〕 ・職業付添人の場合　実費全額 ・近親者付添人の場合　入院付添い1日につき5,500円～7,000円。通院付添い（幼児、老人、身体障害者など必要がある場合）、1日につき3,000円～4,000円 〔将来の付添看護費〕 原則として、平均余命までの間、職業付添人の場合、実費全額。近親者付添いの場合は1日につき8,000円～9,000円が目安。ただし、介護の必要性の程度・内容により増減されることがある。また、中間利息は控除される。 〔入院雑費〕 1日につき1,400円～1,600円 〔その他の費用〕 ・医師等への謝礼は、社会的に相当な範囲で認められる	〔診察料・入院料〕 必要かつ妥当な実費。 ・社会通念上必要な救助捜索費、緊急で欠かせない応急治療費、病院までの搬送費、投薬料・手術料・処置料も必要かつ妥当な範囲内 ・温泉療養費は医師の指導の下に医療機関の付属施設等で療養する場合に認められる ・柔道整復・あんま・マッサージ等の費用は必要かつ妥当な実費 〔入通院交通費〕 原則として実費。社会通念上必要かつ妥当な範囲内。 〔看護料〕 医師が必要と認めた場合 ・看護料は、正規の免許を持つ看護婦等の料金（食費を含む）とする ・付添婦料は、労働大臣認可の家政婦会の紹介による場合は定められた料金（食費を含む） ・近親者またはその他の者の看護料 ＊12歳以下の子の入院看護1日4,200円 ＊幼児・歩行困難な者への付添いまたは医師の指示で自宅看護した場合1日2,100円 〔入院雑費〕 1日1,100円

積極損害	**〔義足・車椅子・補聴器・眼鏡など〕** 購入費、処置料などの相当額。 ・将来の買替費用は中間利息を控除 **〔その他の費用〕** ・家の出入口、風呂場、トイレなどの設置・改造費、ベッド、イスなどの調度品購入費、自動車の改造費などは実費相当額が認められる ・子供の学習費・保育費（被害者のケガの程度、内容、年齢、家庭の状況などから必要性が認められる場合）・学費等実費相当額 **〔弁護士費用〕**　認容額の1割程度	・通院または自宅療養中の諸雑費は社会通念上必要かつ妥当な実費 **〔義肢・義足・車椅子・眼鏡など〕**　医師が必要と認めた場合に限って、必要かつ妥当な実費。眼鏡費用は50,000円が限度 **〔その他の費用〕**家屋・自動車などの改造費、子供の学習費・保育費は社会通念上必要かつ妥当な実費。
消極損害	**〔休業損害〕** 事故前の収入を基礎として、ケガによる休業で現実に喪失した収入額。 ・**給与所得者**　事故前の現実の給与額（各種手当、賞与含む）を基礎とし、ケガによる欠勤で喪失した給与額、昇給遅延による減収額 ＊有給休暇も休業損害になる ・**事業所得者**（商工業・農林水産業・自由業など個人事業者の場合）原則として事故前年の所得税の確定申告による ・**家事従事者**　ケガで家事に従事できなかった期間につき、女子労働者の平均賃金（賃金センサス）による ・**無職者**　失業中の場合には原則として休業損害は生じない	**〔休業損害〕** 1日につき6,100円とする。 ・立証資料で上の金額を超えることが明らかな場合、その実額とする（1万9,000円が上限） ・休業損害の対象日数は実休業日数を基準として、損害の態様などを勘案して治療期間の範囲で認める ・有給休暇を使用した場合も認める ・家事従事者も休業による収入減を認める
慰謝料	入通院慰謝料表（77頁参照）を基準として、上限額と下限額を算出し、その範囲内において妥当な金額とする。 ・症状が特に重い場合は、上限の2割程度の金額まで加算を考慮 ＊通院とは、少なくとも週2日程度の通院が行われた場合 ＊下限の金額――程度の軽い神経症状、軽い打撲、挫傷のみの基準となる ＊上限の金額――苦痛や身体の拘束が強い症状の場合	1日につき4,300円とする。 ・慰謝料の対象となる日数は、被害者の傷害の態様、実治療日数その他を勘案して、治療期間の範囲内で認める ・妊婦が死産または流産の場合は、上記の他に慰謝料を認める

6 治療費などの積極損害は全額請求できる

損害賠償額の交渉❷

原則として治療費などのかかった費用は全額請求できる

自動車事故でケガをした場合、加害者に請求できる損害賠償項目は前頁のとおりです。このうち、被害者が実際に支出した費用のことを「積極損害」といい、当然これらの費用は全部請求できます。

では、これらの費用はどのようにして算出すればよいでしょうか。

まず、入院したときにかかる費用は、治療費や入院費です。これらの費用については、病院の請求書や領収書で明らかですので、問題はありません。その全額が請求できます。問題になるのは、室料です。たいしたケガでもないのに、特別室（個室）に入院しても、それが認められるかどうかは問題です。

一般部屋に空室があるのに特別室に入院しても、被害者の社会的な地位などによって問題はありますが、原則としてその病院の通常の平均的な室料を基準とすべきです。ただ、救急車で運ばれていった病院で特別室しか空いてなかった、あるいは重傷なので特別室に入れられたという場合には、個室の特別料金も請求できます。

事故でケガをしたために、義足、義肢、義眼、義歯、眼鏡などが必要となった場合には、当然これらの費用も将来にわたって請求できます（これについては七三頁下欄参照）。

通院に要する交通費も請求できる

被害者本人が治療を受けるために通院する場合の交通費はもとより、付添人の交通費も請求できるのは当然です。誤解のないように言っておきますが、通院の交通手段としてタクシーを利用すれば、そのタクシー代がすべて無条件に認められるというわけではありません。

あくまでもタクシーの利用が認められるのは、重傷で緊急を要する場合、ケガの箇所が足で歩けない場合、体が衰弱している、他にタクシー以外に交通の手段がないなどの場合に限られます。電車やバスがあるのにタクシーを利用しても認められません。

バスや電車を利用した場合には、費用を請求をするのに領収書は必要ありませんが、タクシー代を請求するときは領収書が必要になる場合が多いようですから、必ず領収書をもらうようにしてください。

なお、自宅からＪＲの駅まで徒歩二五分を要し、しかも便数が少なく不便であるとして左手疼痛の被害者に通院実費としてタクシー代二五四万三三九〇円を認めた例があります（大阪地裁・昭和六三年一二月二一日判決）。

交通費以外の雑費については、領収書等により証明しなくても、入院一日につき一四〇〇円～一六〇〇円見当で認められます。

ポイント 治療費・入院費・交通費などの積極損害は、原則として全額請求できる。

7 付添人費用や将来の介護料も認められる

損害賠償額の交渉❸

付添人費用として請求できる金額は定型化されている

自動車事故によって負傷し、被害者が入院治療が必要なばかりか、付添看護を必要とするような症状の場合は、積極損害として付添人費用が請求できます。

職業的付添人を雇った場合には、支払った金額が損害補償として請求できます。家族や近親者が付き添った場合にも、現実には金銭の支払いはありませんが、家族や近親者の提供した労務を金銭に換算して請求できることになっています。

もちろん、家族や近親者が付き添った場合には、職業的付添人と同額を請求できるわけではなく、職業的付添人の五～六割見当とみるべきです。裁判所は、この家族や近親者の付添人費用を一日あたり五五〇〇円～七〇〇〇円と定型化しています。また、被害者が幼児、老人、身体障害者などで、付添いの必要ありと認められる場合で、通院に付き添う場合には、一日あたり三〇〇〇円～四〇〇〇円としています。

将来の付添看護費については、原則として平均余命までの間、職業的付添人の場合には実費の全額、また近親者の付添いで常時介護を要する場合には、一日につき八〇〇〇円～九〇〇〇円程度が認められます。ただし、随時介護の場合には、介護の程度によりこの金額は増減されることがあります。また、期間は平均余命までで、中間利息（一二〇頁参照）が控除されます。

付添看護をする場合には医者の証明書をもらっておく

たとえば、夫が入院し、その負傷がとても重傷とはいえない程度であっても、家族が付き添うことがあります。これは、むしろ精神的なもので、医療上、必要な付添いとは認められませんので、付添人費用の対象にはなりません。付添人費用が請求できるためには、それが医療上、必要であったことが大前提です。付添人が必要であったかどうかは、医師の指示によって決まることですので、医師の証明書をもらっておくことが必要です。

この証明書とは、通常、診療明細書（診療報酬明細書ともいう）のことで、これには治療費、入院費の明細、入院期間、通院期間などのほか、付添人の必要性の有無についても細かく書いてあります。この診療明細書は付添人費用の請求だけではなく、医療関係費や、後で述べる慰謝料の請求の場合にも必要な大事な書類ですので、覚えておいてください。

ポイント　職業的付添人の場合は実費全額が請求できる。

★将来の手術代や義肢・義足・義眼代等費用は

義足、義肢、義眼、義歯などの身体的な補助器具は、一回作れば一生もつというものではありませんので、数年おきに作りなおす必要があります。そこで、担当している医師に、何年毎に作りなおすことが必要で、費用は一回何万円相当であるとの証明書を書いてもらい、後遺障害の損害賠償金と一緒に、この費用をも含めて示談をしてもよいでしょう。

正確な数字を出そうと思うなら、将来の治療費を現在一時にもらうわけですから、厳密には中間利息の控除（一二〇頁参照）をすることになります。

8 事故で休み収入が得られなかった場合は休業損害を請求できる

損害賠償額の交渉④

入院や通院のため休業したときは休業損害を請求できる

自動車事故で負傷した人が入院や通院のために休業を余儀なくされ、そのために得られなかった収入を補填してもらうのが休業損害（加害者の側からは休業補償といいます）です。注意していただきたいのは、入院や通院をしても、収入の減少がなかった場合には、休業損害は請求できないということです。

たとえば、サラリーマンが負傷して休業しても、その期間中、勤務先の会社から給料が支給されていた場合には、加害者に休業損害を請求することはできません。また、会社からの給料の支給はないが、労災から給料の六割を支給されていた場合には、差額の四割だけしか加害者に請求できません。このように休業損害というのは、自分の受けた損害分しか請求できず、あちこちからダブって給料分を超える金額を請求できるわけではありません。

休業期間中に有給休暇を利用した場合も補償される

かつては、有給休暇を使ったとしても現実的に損害がないから休業損害は認められず、その後、病気などをして、有給休暇を使い果たしていたために欠勤扱いを受けた場合に、初めて損害賠償を請求できるという解釈が主流を占めていました。

しかし、最近の判例では、有給休暇を使うかどうかは加害者に関係のない問題であり、被害者の意思によって加害者が不当に得をすることになり不公平であるとして、有給休暇を使用したために減収がなくても、休業損害を認める方向です。保険会社も同様の扱いをしています。

休業損害は休業期間と収入によって決まる

休業損害は被害者の側で、どれくらいの損害があったかを証明しなければなりません。この証明ができないと、休業損害がなかったことになります。

では、休業損害はどのようにして算出すればよいのでしょうか。まず、休業期間がどれくらいであったかを確定します。入院期間はもちろん全体になりますが、その後の通院期間でも、医師の診断書に「休養を要する」とあれば、全体と認めてよいでしょう。このように休業の期間は、医師の診断書により決められます。つぎに、事故にあう前の三か月間の収入を出します。そして、一日当たりの収入を計算し、これが出たら、休業期間にこれを掛けて休業損害を算出します。

問題は収入の証明です。これは職種によって、大きく変わります。そして、この収入の証明は、傷害事故の休業損害の場合だけでなく、死亡事故の場合の逸失利益（一一六頁参照）の算定でも、後遺障害の場合の逸失利益（九〇頁参照）の算定でも必要となります。なお、一二四頁以下に各職種別の解説をしましたので参照してください。

ポイント　サラリーマン以外の人で収入の証明が難しい人もいる。

9 傷害事故の場合の慰謝料の算定の仕方

損害賠償額の交渉⑤

傷害事故の場合の慰謝料は定型化されている

慰謝料というのは、交通事故により受傷したための苦痛に対する精神的な損害賠償のことをいいます。この苦痛も人によってまちまちです。すでに述べたように、以前は北海道と東京の裁判所（裁判官）では慰謝料の金額が違うというようなことがありました。

そこで、このような不合理をなくすために裁判所では十数年前に受傷に対する慰謝料を定型化しました。次頁に掲げたのは、「入・通院慰謝料表」（日弁連交通事故相談センターの基準）です。また、強制保険では六九頁にあるように一日につき四三〇〇円となっています。

入院期間と通院期間の交差する数字が求める慰謝料となる

たとえば、入院二か月、通院四か月だとしますと、上欄の入院二か月と左の欄の通院四か月の欄の交差する数字、すなわち一〇八～一九九万円が慰謝料となります。この範囲内において妥当な金額を算出します。症状が特に重い場合には、上限の金額の二割増程度の金額まで加算してもよいとされています。なお、この場合の通院は週二回程度を標準にしており、実際の通院日数がそれよりも多かったり少なかったりしたときは適宜増減します。

ポイント 慰謝料も定額化されている。

入・通院慰謝料表

日弁連交通事故相談センター基準

（単位万円）

通院＼入院	1月	2月	3月	4月	5月	6月	7月	8月	9月	10月	11月	12月	13月	14月	15月
入院のみ／通院のみ	60〜32	117〜63	171〜92	214〜115	252〜135	284〜153	312〜168	336〜181	356〜191	372〜200	385〜207	395〜212	403〜217	408〜221	413〜225
1月 29〜16	88〜47	144〜78	192〜103	232〜125	268〜144	298〜161	324〜174	345〜186	364〜196	379〜203	390〜210	399〜214	406〜219	411〜223	416〜227
2月 57〜31	115〜62	165〜89	210〜113	248〜134	282〜152	310〜167	333〜179	353〜191	371〜199	384〜206	394〜212	402〜216	409〜221	414〜225	419〜229
3月 84〜46	136〜73	183〜99	226〜122	262〜142	294〜158	319〜172	341〜184	360〜194	376〜202	388〜208	397〜214	405〜218	412〜223	417〜227	422〜231
4月 105〜57	154〜83	199〜108	240〜130	274〜148	303〜163	327〜177	348〜187	365〜197	380〜204	391〜210	400〜216	408〜220	415〜225	420〜229	425〜233
5月 123〜67	170〜92	213〜116	252〜136	283〜153	311〜168	334〜180	353〜190	369〜199	383〜206	394〜212	403〜218	411〜222	418〜227	423〜231	428〜235
6月 139〜76	184〜100	225〜122	261〜141	291〜158	318〜171	339〜183	357〜192	372〜201	386〜208	397〜214	406〜220	414〜224	421〜229	426〜233	431〜237
7月 153〜84	196〜106	234〜127	269〜146	298〜161	323〜174	343〜185	360〜194	375〜203	389〜210	400〜216	409〜222	417〜226	424〜231	429〜235	434〜239
8月 165〜90	205〜111	242〜132	276〜149	303〜164	327〜176	346〜187	363〜196	378〜205	392〜212	403〜218	412〜224	420〜228	427〜233	432〜237	437〜241
9月 174〜95	213〜116	249〜135	281〜152	307〜166	330〜178	349〜189	366〜198	381〜207	395〜214	406〜220	415〜226	423〜230	430〜235	435〜239	440〜243
10月 182〜100	220〜119	254〜138	285〜154	310〜168	333〜180	352〜191	369〜200	384〜209	398〜216	409〜222	418〜228	426〜232	433〜237	438〜241	443〜245
11月 189〜103	225〜122	258〜140	288〜156	313〜170	336〜182	355〜193	372〜202	387〜211	401〜218	412〜224	421〜230	429〜234	436〜239	441〜243	446〜247
12月 194〜106	229〜124	261〜142	291〜158	316〜172	339〜184	358〜195	375〜204	390〜213	404〜220	415〜226	424〜232	432〜236	439〜241	444〜245	449〜249
13月 198〜108	232〜126	264〜144	294〜160	319〜174	342〜186	361〜197	378〜206	393〜215	407〜222	418〜228	427〜234	435〜238	442〜243	447〜247	452〜251
14月 201〜110	235〜128	267〜146	297〜162	322〜176	345〜188	364〜199	381〜208	396〜217	410〜224	421〜230	430〜236	438〜240	445〜245	450〜249	455〜253
15月 204〜112	238〜130	270〜148	300〜164	325〜178	348〜190	367〜201	384〜210	399〜219	413〜226	424〜232	433〜238	441〜242	448〜247	453〜251	458〜255

（注）　特に症状が重い場合は上限額（上段の金額）を２割増した金額まで増額を考慮する。

10 傷害事故の場合の具体例による損害額の算定の仕方

損害賠償額の交渉❻

傷害事故での賠償額の算定

傷害事故の場合、後遺障害が残るかどうかで、損害賠償額の算定が大きく違ってきます。後遺障害が残った場合の損害額の算定は次項以下に譲るとして、ここでは後遺症がない場合の損害額について、具体的事例で解説します。

被害者は一五歳の女子中学生です。青信号で横断歩道を渡っているときに、右折してきた軽トラックにはねられました。救急車で病院に運ばれ診断の結果、右足大腿部骨折等の傷害で入院となりました。入院は三五日に及び、退院後の完治までの通院期間は四か月で、実通院日数は三六日でした。

傷害の損害賠償額の算定は、すでに述べたとおり、大きく分けると、①積極損害、②消極損害、③慰謝料、④その他に分類することができます。また、過失があれば、その割合に応じて損害賠償額から減額されることになります。これを算式で示すと、以下のとおりになります。

$$〔①積極損害＋②消極損害＋③慰謝料〕\times\frac{100-被害者の過失割合}{100}$$

本例は、信号が青で歩行者が横断していたケースですので、被害者には過失はなく、過失は

○%として、左表に損害額の計算例をまとめました。

ポイント 損害賠償の算定では過失割合（5章参照）が大きな要素となる。

◆傷害の場合の損害賠償額の算定例

〔被害者〕　15歳の女子中学生。
入院35日、通院延べ4か月（実通院36日）
後遺障害はない。

①　**積極損害**　192万円……a

・入通院治療費……………………（実費）120万円

・付添看護料（職業付添婦費用）
……………………………………（実費）25万円

・通院付添費…………………………12万6,000円
※近親者通院付添い1日につき3,500円×36日で計算

・入院中雑費…………………………5万6,000円
※入院雑費は1日につき1,600円×35日で計算

・家庭教師代
……（学力低下を補う必要な相当額）25万円

・入通院交通費
……（必要なバス・電車代等）1万8,000円

・衣料損傷費
……（補修不能なら購入時の時価）　2万円

②　**消極損害**………………………**（休業損害）**なし

③　**慰謝料**…………………………………120万円……b

※（77頁の『入通院慰謝料額表』により算出すると、慰謝料は154万円～83万円の範囲。120万円で話がつく。）

●損害賠償額＝a＋b＝312万円

（注1）被害者に過失があれば、過失相殺をされる。

11 後遺症についての損害は傷害の損害とは別に請求できる

後遺症の損害賠償額①

傷害事故の分とは別に請求できる

後遺症とは、傷害を受けた結果、傷の治療自体は終わっても、手や足の切断とか失明などのように、障害が残るものをいいます。すなわち、病院で治療が終わるまで（症状が固定するまで）の損害が傷害による損害で、症状が固定した後の損害が後遺症による損害ということになります。

一般に傷害による損害と後遺障害による損害とは別に算定しています。これは自賠責保険が傷害と後遺障害とによって保険金を分けていることもあって、別々に考えたほうがわかりやすいからです。

どんな場合を後遺症というかについては、法律（自動車損害賠償保障法の付則、労働者災害補償保険法の付則）によって、細かく定められています。これは八四頁以下の後遺障害等級表に掲載されていますので、参照してください。

義足、義肢、義手、義眼などを作るのに要する費用は、後遺症による積極損害となりますが、一般には後遺症による逸失利益と後遺症による慰謝料とに分けられます。

後遺症による逸失利益とは、後遺症が残ると自動車事故にあう前とは同じようには働けませ

●後遺症の損害賠償額

傷害の損害賠償額

＋

後遺症の損害賠償額

①後遺障害に伴う将来の治療費・介護料
②後遺症による逸失利益
③後遺症に対する慰謝料

＝

後遺症が残った場合の損害賠償額

ん。将来収入が減ることは明らかです。この収入の減少する分を賠償させようとするのが後遺症による逸失利益です（算定の仕方は項を改めて述べます）。

後遺症による慰謝料は、後遺障害が残ったことに対する精神的な苦痛に対する損害賠償です。裁判所では、自賠責保険金額の八割前後を後遺症の慰謝料とみています。

示談後に後遺症が発生した場合の損害賠償

原則として示談のやり直しはできません。一般に示談書の末尾には、「本件事故に関して、今後名目のいかんに関わらず、当事者双方何らの請求をしないこと」等の一項がはいっています。しかし、これでは被害者が余りにも気の毒です。そこで、判例では、示談当時予測のできなかった後遺症が発生した場合についてまで、損害賠償を放棄した趣旨とは解することができないとして、示談後の後遺症の損害賠償を認めています（最高裁昭和四三年三月一五日判決）。

ポイント　後遺症の逸失利益と慰謝料が加算される。

●傷害事故で後遺症が残った場合の損害賠償額の算定法

〔支払われる損害賠償金の内容〕
①積極損害＋②消極損害（休業損害＋逸失利益）＋③慰謝料
〔減額される場合と内容〕　後遺症のない場合の欄 67 頁参照

〔自賠責保険の支払基準〕
〔支払われる損害賠償金の内容〕
後遺障害分＝①逸失利益＋②慰謝料
〔支払額〕　4,000 万円を上限
※傷害の場合の保険額上限 120 万円は別途支払われる。
〔減額される場合と内容〕　後遺症のない場合の欄 67 頁参照
※「逸失利益」とは、後遺症が残ったために減収した将来失われる利益のことをいう。

●後遺症が残った場合の損害賠償額の支払基準

	日弁連交通事故相談センターの基準	自賠責保険の基準
積極損害	治療費等は後遺症がない場合（68 頁）と同様。 **〔将来の介護料〕** 将来の付添看護費（介護料）は原則として平均余命まで認める（ただし中間利息を控除した金額とする）。 ・職業付添人の場合　実費全額 ・近親者付添人の場合　1 日につき 8,000 円～9,000 円で常時介護を要する場合	治療費等は後遺症がない場合（68 頁）と同様。 ＊将来の治療費・介護料については、規定はない
消極損害・逸失利益	**〔逸失利益の算定方法〕** ・基礎収入×労働能力の喪失率×喪失期間に対応するライプニッツ係数の算定方式による **① 基礎収入の考え方** 原則として事故前の現実収入額。 ・現実収入額以上の収入を得られる立証があれば、その額を算定基礎とする **② 労働能力喪失率** 労働能力喪失率表（84 頁右欄）を基準にして、職種、年齢、性別や現実の減収の程度など、具体的稼働状況に基づきその喪失割合を決める（被害者の労働能力の一定期間後の回復を認めて段階的に喪失割合を減らした判決、逸失利益を認めず慰謝料で考慮した判決がある）。	**〔逸失利益の算定方法〕** ・収入額×労働能力喪失率×後遺障害確定時の年齢に対応するライプニッツ係数 **●収入額の考え方** **〔有職者〕**事故前 1 年間の収入額と後遺障害確定時の年齢別平均給与額（128 頁参照）の年相当額の高い額。以下の例外あり **ⓐ 35 歳未満で収入額の立証可能者**　事故前 1 年間の収入額、全年齢平均給与額および年齢別平均給与額のいずれか高い額

消極損害・逸失利益	③ **労働能力喪失期間** 原則として就労可能年限まで認める。 ・**比較的軽度の機能障害や神経障害の場合の喪失期間** その内容・程度と労働・社会生活への適応見込みなどの具体的状況で、喪失期間が限定されることが多い（むちうち症の喪失期間は本文93頁参照）	⒝**事故前1年間の収入額の立証困難者** ㋐**35歳未満の者**　全年齢平均給与額または年齢別平均給与額の高い額 ㋑**35歳以上の者**　年齢別平均給与額 ⒞**退職後1年内の者**　以上の基準を準用。 **〔幼児・児童・生徒・学生・家事従事者〕**全年齢平均給与額。ただし59歳以上で年齢別平均給与額が全年齢平均給与額を下回る場合、年齢別平均給与額 **〔その他、働く意思と能力を有する者〕**年齢別平均給与額（全年齢平均給与額を上限とする）
慰謝料	後遺症の慰謝料は、後遺障害等級ごとに次の金額とする（各等級の内容は84頁以下の後遺障害等級表参照）。 ・第1級 ――2,800～3,100万円 ・第2級 ――2,300～2,700万円 ・第3級 ――1,800～2,200万円 ・第4級 ――1,500～1,800万円 ・第5級 ――1,300～1,500万円 ・第6級 ――1,100～1,300万円 ・第7級 ―― 900～1,100万円 ・第8級 ―― 750～870万円 ・第9級 ―― 600～700万円 ・第10級 ―― 480～570万円 ・第11級 ―― 360～430万円 ・第12級 ―― 250～300万円 ・第13級 ―― 160～190万円 ・第14級 ―― 90～120万円 ＊重度の後遺症の場合は、被害者本人分とは別に、親族固有の慰謝料が認められることがある。	後遺障害に対する慰謝料は、等級ごとに次の額。 （　）は第1級が常時、第2級が随時介護を要する場合 ・第1級 －1,150(1,650)万円 ・第2級 ― 998(1,203)万円 ・第3級―― 861万円 ・第4級―― 737万円 ・第5級―― 618万円 ・第6級―― 512万円 ・第7級―― 419万円 ・第8級―― 331万円 ・第9級―― 249万円 ・第10級 ―― 190万円 ・第11級 ―― 136万円 ・第12級 ――94万円 ・第13級 ――57万円 ・第14級 ――32万円 ＊第1級～第3級該当者で被扶養者があるときは第1級1,350(1,850)万円、第2級1,168(1,373)万円、第3級973万円

後遺障害等級表・労働能力喪失率

等級	後遺障害	自賠責保険(共済)金額	労働能力喪失率
第1級 (常時介護を要する)	1．神経系統の機能又は精神に著しい障害を残し，常に介護を要するもの 2．胸腹部臓器の機能に著しい障害を残し，常に介護を要するもの	4,000万円	100/100
	1．両眼が失明したもの 2．咀嚼及び言語の機能を廃したもの 3．両上肢をひじ関節以上で失ったもの 4．両上肢の用を全廃したもの 5．両下肢をひざ関節以上で失ったもの 6．両下肢の用を全廃したもの	3,000万円	
第2級 (随時介護を要する)	1．神経系統の機能又は精神に著しい障害を残し，随時介護を要するもの 2．胸腹部臓器の機能に著しい障害を残し，随時介護を要するもの	3,000万円	100/100
	1．1眼が失明し，他眼の視力が0.02以下になったもの 2．両眼の視力が0.02以下になったもの 3．両上肢を手関節以上で失ったもの 4．両下肢を足関節以上で失ったもの	2,590万円	
第3級	1．1眼が失明し，他眼の視力が0.06以下になったもの 2．咀嚼又は言語の機能を廃したもの 3．神経系統の機能又は精神に著しい障害を残し，終身労務に服することができないもの 4．胸腹部臓器の機能に著しい障害を残し，終身労務に服することができないもの 5．両手の手指の全部を失ったもの	2,219万円	100/100
第4級	1．両眼の視力が0.06以下になったもの 2．咀嚼及び言語の機能に著しい障害を残すもの 3．両耳の聴力を全く失ったもの 4．1上肢をひじ関節以上で失ったもの 5．1下肢をひざ関節以上で失ったもの 6．両手の手指の全部の用を廃したもの 7．両足をリスフラン関節以上で失ったもの	1,889万円	92/100
第5級	1．1眼が失明し，他眼の視力が0.1以下になったもの 2．神経系統の機能又は精神に著しい障害を残し，特に軽易な労務以外の労務に服することができないもの 3．胸腹部臓器の機能に著しい障害を残し，特に軽易な労務以外の労務に服することができないもの 4．1上肢を手関節以上で失ったもの 5．1下肢を足関節以上で失ったもの 6．1上肢の用を全廃したもの 7．1下肢の用を全廃したもの 8．両足の足指の全部を失ったもの	1,574万円	79/100
第6級	1．両眼の視力が0.1以下になったもの 2．咀嚼又は言語の機能に著しい障害を残すもの 3．両耳の聴力が耳に接しなければ大声を解することができない程度になったもの 4．1耳の聴力を全く失い，他耳の聴力が40センチメートル以上の距離では普通の話声を解することができない程度になったもの	1,296万円	67/100

等　級	後　　遺　　障　　害	自賠責保険(共済)金額	労働能力喪失率
第６級	５．脊柱に著しい変形又は運動障害を残すもの ６．１上肢の３大関節中の２関節の用を廃したもの ７．１下肢の３大関節中の２関節の用を廃したもの ８．１手の５の手指又はおや指及びひとさし指を含み４の手指を失ったもの		
第７級	１．１眼が失明し，他眼の視力が0.6以下になったもの ２．両耳の聴力が40センチメートル以上の距離では普通の話声を解することができない程度になったもの ３．１耳の聴力を全く失い，他耳の聴力が１メートル以上の距離では普通の話声を解することができない程度になったもの ４．神経系統の機能又は精神に著しい障害を残し，軽易な労務以外の労務に服することができないもの ５．胸腹部臓器の機能に障害を残し，軽易な労務以外の労務に服することができないもの ６．１手のおや指を含み３の手指を失ったもの又はおや指以外の４の手指を失ったもの ７．１手の５の手指又はおや指を含み４の手指の用を廃したもの ８．１足をリスフラン関節以上で失ったもの ９．１上肢に偽関節を残し，著しい運動障害を残すもの 10．１下肢に偽関節を残し，著しい運動障害を残すもの 11．両足の足指の全部の用を廃したもの 12．外貌に著しい醜状を残すもの 13．両側の睾丸を失ったもの	1,051万円	56/100
第８級	１．１眼が失明し，又は１眼の視力が0.02以下になったもの ２．脊柱に運動障害を残すもの ３．１手のおや指を含み２の手指を失ったもの又はおや指以外の３の手指を失ったもの ４．１手のおや指を含み３の手指の用を廃したもの又はおや指以外の４の手指の用を廃したもの ５．１下肢を５センチメートル以上短縮したもの ６．１上肢の３大関節中の１関節の用を廃したもの ７．１下肢の３大関節中の１関節の用を廃したもの ８．１上肢に偽関節を残すもの ９．１下肢に偽関節を残すもの 10．１足の足指の全部を失ったもの	819万円	45/100
第９級	１．両眼の視力が0.6以下になったもの ２．１眼の視力が0.06以下になったもの ３．両眼に半盲症，視野狭窄又は視野変状を残すもの ４．両眼のまぶたに著しい欠損を残すもの ５．鼻を欠損し，その機能に著しい障害を残すもの ６．咀嚼及び言語の機能に障害を残すもの ７．両耳の聴力が１メートル以上の距離では普通の話声を解することができない程度になったもの ８．１耳の聴力が耳に接しなければ大声を解することができない程度になり，他耳の聴力が１メートル以上の距離では普通の話声を解することが困難である程度になったもの ９．１耳の聴力を全く失ったもの 10．神経系統の機能又は精神に障害を残し，服することができる労務が相当な程度に制限されるもの 11．胸腹部臓器の機能に障害を残し，服することができる労務が相当な程度に制限されるもの	616万円	35/100

等級	後遺障害	自賠責保険(共済)金額	労働能力喪失率
第9級	12. 1手のおや指又はおや指以外の2の手指を失ったもの 13. 1手のおや指を含み2の手指の用を廃したもの又はおや指以外の3の手指の用を廃したもの 14. 1足の第1の足指を含み2以上の足指を失ったもの 15. 1足の足指の全部の用を廃したもの 16. 外貌に相当程度の醜状を残すもの 17. 生殖器に著しい障害を残すもの		
第10級	1. 1眼の視力が0.1以下になったもの 2. 正面を見た場合に複視の症状を残すもの 3. 咀嚼又は言語の機能に障害を残すもの 4. 14歯以上に対し歯科補綴を加えたもの 5. 両耳の聴力が1メートル以上の距離では普通の話声を解することが困難である程度になったもの 6. 1耳の聴力が耳に接しなければ大声を解することができない程度になったもの 7. 1手のおや指又はおや指以外の2の手指の用を廃したもの 8. 1下肢を3センチメートル以上短縮したもの 9. 1足の第1の足指又は他の4の足指を失ったもの 10. 1上肢の3大関節中の1関節の機能に著しい障害を残すもの 11. 1下肢の3大関節中の1関節の機能に著しい障害を残すもの	461万円	$\frac{27}{100}$
第11級	1. 両眼の眼球に著しい調節機能障害又は運動障害を残すもの 2. 両眼のまぶたに著しい運動障害を残すもの 3. 1眼のまぶたに著しい欠損を残すもの 4. 10歯以上に対し歯科補綴を加えたもの 5. 両耳の聴力が1メートル以上の距離では小声を解することができない程度になったもの 6. 1耳の聴力が40センチメートル以上の距離では普通の話声を解することができない程度になったもの 7. 脊柱に変形を残すもの 8. 1手のひとさし指,なか指又はくすり指を失ったもの 9. 1足の第1の足指を含み2以上の足指の用を廃したもの 10. 胸腹部臓器の機能に障害を残し,労務の遂行に相当な程度の支障があるもの	331万円	$\frac{20}{100}$
第12級	1. 1眼の眼球に著しい調節機能障害又は運動障害を残すもの 2. 1眼のまぶたに著しい運動障害を残すもの 3. 7歯以上に対し歯科補綴を加えたもの 4. 1耳の耳殻の大部分を欠損したもの 5. 鎖骨,胸骨,ろっ骨,けんこう骨又は骨盤骨に著しい変形を残すもの 6. 1上肢の3大関節中の1関節の機能に障害を残すもの 7. 1下肢の3大関節中の1関節の機能に障害を残すもの 8. 長管骨に変形を残すもの 9. 1手のこ指を失ったもの 10. 1手のひとさし指,なか指又はくすり指の用を廃したもの 11. 1足の第2の足指を失ったもの,第2の足指を含み2の足指を失ったもの又は第3の足指以下の3の足指を失ったもの 12. 1足の第1の足指又は他の4の足指の用を廃したもの 13. 局部に頑固な神経症状を残すもの 14. 外貌に著しい醜状を残すもの	224万円	$\frac{14}{100}$

等　級	後　　遺　　障　　害	自賠責保険(共済)金額	労働能力喪失率
第13級	1．１眼の視力が0.6以下になったもの 2．正面以外を見た場合に複視の症状を残すもの 3．１眼に半盲症，視野狭窄又は視野変状を残すもの 4．両眼のまぶたの一部に欠損を残し又はまつげはげを残すもの 5．５歯以上に対し歯科補綴を加えたもの 6．１手のこ指の用を廃したもの 7．１手のおや指の指骨の一部を失ったもの 8．１下肢を１センチメートル以上短縮したもの 9．１足の第３の足指以下の１又は２の足指を失ったもの 10．１足の第２の足指の用を廃したもの，第２の足指を含み２の足指の用を廃したもの又は第３の足指以下の３の足指の用を廃したもの 11．胸腹部臓器の機能に障害を残すもの	139万円	9/100
第14級	1．１眼のまぶたの一部に欠損を残し又はまつげはげを残すもの 2．３歯以上に対し歯科補綴を加えたもの 3．１耳の聴力が１メートル以上の距離では小声を解することができない程度になったもの 4．上肢の露出面に手のひらの大きさの醜いあとを残すもの 5．下肢の露出面に手のひらの大きさの醜いあとを残すもの 6．１手のおや指以外の手指の指骨の一部を失ったもの 7．１手のおや指以外の手指の遠位指節間関節を屈伸することができなくなったもの 8．１足の第３の足指以下の１又は２の足指の用を廃したもの 9．局部に神経症状を残すもの	75万円	5/100

※平成22年6月10日以後発生の事故に適用

〔備　考〕

1．視力の測定は，万国式試視力表による。屈折異状のあるものについては，矯正視力について測定する。
2．手指を失ったものとは，おや指は指節間関節，その他の手指は近位指節間関節以上を失ったものをいう。
3．手指の用を廃したものとは，手指の末節骨を半分以上を失い，又は中手指節関節若しくは近位指節間関節（おや指にあっては，指節間関節）に著しい運動障害を残すものをいう。
4．足指を失ったものとは，その全部を失ったものをいう。
5．足指の用を廃したものとは，第一の足指の末節骨の半分以上，その他の足指は遠位指節間関節以上を失ったもの又は中足指節関節若しくは近位指節間関節（第一の足指にあっては，指節間関節）に著しい運動障害を残すものをいう。
6．各等級の後遺障害に該当しない後遺障害であって，各等級の後遺障害に相当するものは，当該等級の後遺障害とする。
7．身体障害が２以上あるときは，重い方の身体障害の該当する等級による。
しかし，下記に掲げる場合においては等級を次のとおり繰り上げる。
(a)　第13級以上に該当する身体障害が２以上あるときは，重い方の身体障害１級を繰り上げる。ただし，それぞれの後遺障害に該当する保険（共済）金額の合計額が繰上げ後の後遺障害の保険（共済）金額を下回るときは上記合算額を採用する。
(b)　第８級以上に該当する身体障害が２以上あるときは，重い方の身体障害２級を繰り上げる。
(c)　第５級以上に該当する身体障害が２以上あるときは，重い方の身体障害３級を繰り上げる。
8．既に身体障害のあったものがさらに同一部位について障害の程度を加重したときは，加重後の等級に応ずる保険（共済）金額から既にあった障害の等級に応ずる保険（共済）金額を控除した金額を保険（共済）金額とする。

12 後遺症の等級の認定は誰にしてもらえばよいのか

後遺症の損害賠償額❷

まず医師に診断書を作成してもらうこと

一口に後遺症といっても、八四～八七頁の後遺障害等級表を見ていただければわかるように、両眼失明、植物人間状態などの一級からこ指の用を廃したという一四級まで、いろいろありま す。では、その後遺症の等級はどのようにして決めるのでしょうか。

まず、後遺症であるかどうかを決めるには、必ず医師の診断書をもらうことです。以前は、後遺症の診断書を書いてほしいと医師に頼むと、「これこれの症状があるので後遺障害第何級第何号に該当する」と書いてくれていました。しかし今では、どこの病院でも、これこれの症状があるとしか書いてくれません。後遺障害等級表の第何級に該当するかは、裁判所なり保険会社で決めることになっているからです。すなわち、後遺障害の認定は医学的な判断ではなく、法律的な判断だということです。

では、実際に後遺症の等級認定をしてもらうにはどうすればよいでしょうか。示談を成立させる前に、医師の診断書を添えて、自賠責保険（強制保険）の後遺障害補償請求を損害保険会社に対して行い、その請求書には相応な等級を書いて出すのですが、これを受け取った損害保険会社は、損害保険料率算出機構の自賠責損害調査事務所に書類を送付し、損害調査を依頼し

★後遺障害の等級の認定

①加害者または被害者の請求
⇦医師の診断書など所定の書類添付
②損害保険会社
⇦損害調査依頼・書類送付
③損害保険料率算出機構
自賠責損害調査事務所
⇦調査結果の報告
④損害保険会社
⇦支払額の決定・通知
⑤被害者
⇦不服（異議申立て）
⑥損害保険会社
⇦審査
⑦自賠責保険（共済）審査会
⇦紛争処理の申請
⑧㈶自賠責保険・共済紛争処理機構
本部☎〇三―五二九六―五〇三一
相談℻〇一二〇―一五九―七〇〇

ます。自賠責損害調査事務所は請求書類に基づいて、事故発生の状況、支払いの的確性、損害額等を公正かつ中立な立場で調査を行います。必要により事故当事者も調査します。第何級と査定し、損保会社に調査結果を報告します。これに基づいて損保会社は保険金の支払額を決定し、被害者に支払います。内払金、仮渡金の支払い（六二頁参照）があればその分を差し引きます。

等級の認定に不服のときは異議を申し立てる

後遺障害の認定が疑問に思われるときは、損害保険会社に異議の申立てを行い、自賠責保険（共済）後遺障害審査会の審査を受けることができます。自賠責保険（共済）後遺障害審査会は、審査の客観性・専門性を確保するため、専門医が参加します。

また、自賠法に基づいて指定された㈶自賠責・共済紛争処理機構に紛争処理の申請を行うこともできます。最終的には、訴訟を起こすしかありません。

ポイント　等級認定は損害保険料率算出機構が行う。

13 後遺症の損害賠償額③
後遺症では逸失利益・慰謝料も請求できる

後遺症による逸失利益・慰謝料

後遺症の場合に損害賠償として請求できる項目は、治療費や入院費用などの病院関係費のほかは、後遺症による逸失利益・慰謝料の請求ができます。

逸失利益は、後遺障害により将来の労働能力を喪失する場合に、その損失分として支払われるものです。逸失利益の算定は、以下の算式で行います。

逸失利益＝収入（年収）×労働能力の喪失割合×喪失期間に対応するライプニッツ係数（中間利息の控除については、一一九・一二〇頁参照）

後遺症の慰謝料も定額化されている

慰謝料は、精神的な打撃に対する賠償ですが、これは日弁連交通事故相談センターの基準では、次頁に掲げる表のように定額化しています。なお、後遺障害はその程度により、自賠法施行令二条および別表に一級四〇〇〇万円あるいは三〇〇〇万円から一四級七五万円まで、障害の内容と保険金額が決められています（八四頁以下参照）。この後遺障害に対する金額は、強制保険から支払われる後遺症による逸失利益と慰謝料の双方を含むものです。

では、ここで高校生が事故により全身打撲と顔に傷痕が残るケガをし一週間の治療の後に退院、顔の傷は再手術が必要といわれた場合を考えてみましょう。

高校生など学生の場合は休業補償は問題になりませんし、また後遺症が顔の傷痕など労働能力を喪失するとはいえない場合には、後遺症による逸失利益は認められません。ただ、将来就職するに際して不利益を受けることも考えられますし、また顔の整形のための再手術も必要となります。しかし、このような場合の損害の算定は困難ですので、従来の裁判所の判例では後遺症による慰謝料として損害賠償を認めています（慰謝料の補完性といいます）。ちなみに一八歳の女子定時制高校生について、顔面に醜状痕の残ったケースで逸失利益は認めず、慰謝料として一〇〇〇万円を認めた裁判例があります（京都地裁・昭和五六年六月二九日判決）。

ポイント　後遺症による慰謝料も定額化されている。

●後遺症による慰謝料の額
（日弁連交通事故相談センター基準）

等　級	慰謝料の額
第１級	2,800～3,100万円
第２級	2,300～2,700万円
第３級	1,800～2,200万円
第４級	1,500～1,800万円
第５級	1,300～1,500万円
第６級	1,100～1,300万円
第７級	900～1,100万円
第８級	750～870万円
第９級	600～700万円
第10級	480～570万円
第11級	360～430万円
第12級	250～300万円
第13級	160～190万円
第14級	90～120万円

後遺症の損害賠償額④

14 長期的なむち打ち症の場合の損害賠償

むち打ち症の場合は特別な計算方法をしている

自動車事故の被害者の中でも、むち打ち症というのは最近多くなっています。医学上もむち打ち症というのは定義が難しいようですが、結局、首から背骨にかけての一種の神経症状だとされています。そのため後遺症としても特殊であり、裁判所も特別な扱いをしています。

積極損害としては、入院費、治療費、雑費などについては、一般の負傷の場合と同じです。ただし、温泉治療（湯治）に行くことが多いのですが、この場合には医師の診断書がないと認められませんので注意してください。

休業補償については、むち打ち症は治療が長期化するので、一般の傷害の場合とは同一に扱うことができません。たとえば、入院一か月、通院一年という場合、入院中は全休とされますが、通院については六か月間は全休、残りの六か月間は半休（五〇％）とするような扱いがされています。目安としては、一週間に三日通院したら全休、一週間に一日くらいの通院だと半休とされるようです。

むち打ち症による逸失利益の計算

むち打ち症は神経症状ですので、レントゲンにも映らず、それが何年続き、補償期間を何年にするべきか争いがあります。裁判例を見ますとおおむね左上の表のようになっています。

　後遺障害等級表を見ても、むち打ち症という言葉は出てきません。むちうち症は一定期間後には治るものとされ、一般的にはこの等級表の一二級一三号、一四級九号の各神経障害または神経症状がむち打ち症に該当するとしています。

　むち打ち症で後遺障害等級で一二級と認定された場合、労働能力の喪失率は一四％、これを五～一〇年間分請求できます。ただし、これとは別の喪失期間を認めた判例もあります。

　また、慰謝料は傷害事故の場合と同じですが、入通院慰謝料としては通常、一五か月間で打ち切られます。

　なお、ＰＴＳＤ、ＲＳＤ、高次脳機能障害については、二二〇ページの用語解説も参照してください。

●むちうち症と労働能力の喪失年数および喪失率

	喪失年数	喪失率
12級13号	10年程度	14％
14級9号	5～10年程度	5％

ポイント　賠償額は喪失率と喪失年数で決まる。

★ＰＴＳＤと損害賠償

　ＰＴＳＤ（心的外傷後ストレス障害）とは、身体や生命に異常な体験をしたことにより心の傷を負い（トラウマ）、そのため社会生活や日常生活に支障を来す疾患のことです。

　交通事故でＰＴＳＤが問題となるのは、①ＰＴＳＤであるかどうか、②後遺障害の何級に該当するか、③労働能力喪失期間をいつまでとするか、です。

〔判例〕一八歳（症状固定後五年半）女子高校生の事故

　後遺障害六級とＰＴＳＤによる七級障害を認め、併合四級として、六七歳まで九二パーセントの労働能力喪失を認めた（横浜地裁判決・平成一〇年六月八日）。

15 後遺症の場合の実際の賠償額の交渉例

後遺症での損害は普通の傷害の賠償額に加算される

被害者は三四歳の男子会社員で、入院三〇〇日、通院三〇〇日（実通院九五日）の重症を負いました。被害者の平均月収は四〇万円、労働能力喪失を伴う後遺障害（腹壁はん痕ヘルニア、すい臓欠損等胸部臓器の機能障害、将来体力の回復が困難等）があり、障害等級第九級一一号に該当するという診断がなされました。なお、休業期間は一一か月でした。

この場合の損害賠償額は、以下の項目が損害賠償として請求できます。

① **積極損害**

(イ) 入・通院治療費、(ロ) 付添看護料（職業付添婦・被害者妻の付添い）、(ハ) 入院中雑費。

② **消極損害**

(イ) 休業損害（休業期間一一か月）、(ロ) 労働能力喪失減損による逸失利益。

③ **慰謝料**――(イ) 入通院慰謝料、(ロ) 後遺障害慰謝料。

以上がこの被害者の損害賠償額の項目です。具体的な賠償額については、次頁の表で掲載しましたので参照してください。

ポイント 後遺障害が残った場合、傷害の賠償額に逸失利益と慰謝料が加算される。

◆後遺症が残った場合の算定例

① **積極損害**　521万円……a

・入・通院治療費……………………………（実費）210万円

・付添看護料（職業付添婦費用・実費）………… 240万円

（被害者妻の付添い）…………………26万円

※近親者の入院付添い１日につき6,500円×40日で計算

・入院中雑費…………………………………………… 45万円

※入院中雑費は１日につき1,500円×300日で計算

② **消極損害**………………………………3,128万4,200円……b

・休業損害（休業期間11か月×40万円）……… 440万円

・労働能力喪失減損による逸失利益

労働能力喪失率………………………………………… 35％

労働能力喪失期間…………………67歳までの33年間

中間利息控除……年3%の利率によるライプニッツ係数による

※40万円×12か月×0.35×20.766（33年の年ごとライプニッツ係数）＝3,488万6,880円

（注）令和２年３月31日までの事故は年５%、４月１日以降の事故は年３%によるライプニッツ係数

③ **慰謝料**……………………………………………計1,000万円……c

・入・通院慰謝料…………………………………………350万円

※77頁の入・通院慰謝料により慰謝料は409～222万円の範囲

・後遺障害慰謝料…………………………………………650万円

※91頁の後遺障害等級９級の慰謝料は600～700万円の範囲

●損害賠償額＝a＋b＋c＝5,009万6,880円

（注1）　被害者に過失があれば、過失相殺される。

（注2）　治療費として、自賠責保険から120万円を受け取っていれば、その額は控除される。

（注3）　裁判のための弁護士費用は、自賠責保険金控除後の金額に加算される。

16
傷害事故の示談書①
傷害事故で示談書を作る

傷害事故の示談と示談書

示談書については、すでに四八～五一頁で解説しましたように、傷害の場合も示談書を作る場合の注意点は同様です。単なる傷害事故の場合、死亡事故や後遺症の残る障害と違い、損害賠償額も比較的低額ですみます。自賠責保険から支払われる上限である一二〇万円の範囲内に収まることも多いでしょう。この場合、自賠責保険の請求の際に提出する示談書の書式によって示談するのもよいでしょう。また、任意保険でも保険会社に示談書の書式があり、保険会社の担当者との間で示談交渉がまとまったら、この書式に所定のことを記入するようにして持ってきますので、その書式で示談をすることが多くなっています。

問題は、被害者が加害者と直接示談をする場合です。いかに示談額が高額でも、その賠償金が実際に支払われなければ、何の意味もありませんので、被害者と加害者とで公証役場へ行き、公正証書にしておくのがよいでしょう。

ここでは、示談書の作成に役立つよう、基本的な型を示し、そのうちの重要点については注釈を加えました。なお、サンプル中の金額は単なる例示です。

ポイント　少し研究して、納得いく内容のもので示談をする。

■傷害事故の示談書①一定期間後に支払う場合（物損も含む）

示　談　書

○市○町○丁目○番地
（甲）被害者　　　　甲野太郎
○市○町○丁目○番地
（乙）加害運転手　　　　乙山一郎
○市○町○丁目○番地
（丙）加害車両所有者　　　　日本株式会社
代表取締役　日本三郎

上記甲と乙･丙間において、下記交通事故につき、本日、下記のとおり示談した。

一　（事故の表示）

1. 事故日時　令和□年□月□日午前10時10分ごろ
2. 事故発生地　○県○郡○町○番地先道路上
3. 被害者　甲野太郎（負傷）
4. 被害車両の表示　登録番号　岡さ2222
　　車種形式　○年型小型貨物コニーバン
　　所有者　甲野太郎
5. 加害運転者　乙山一郎
6. 加害車両の表示　登録番号　多摩に5555
　　車種形式　○年型乗用車コスモ
　　所有者　日本株式会社
7. 事故発生状況

乙山一郎が加害車両を運転して、前記事故発生地付近十字路を何橋方面から何橋方面に向けて通過しようとしたとき、一時停止の標識があるのに一時停止を怠ったため、折から何町何方面から何町方面に向かって上記十字路を進行中の甲野太郎運転の上記被害車両の左後部に衝突し、甲野太郎に対して左大腿骨骨折等入院２か月の重傷を負わせ、かつ、上記被害車両に修理費25万円を要する損害を与えたものである。

二　（示談条件）

1. 乙と丙とは連帯して甲に対し、既払分のほか、金96万円の支払義務のあることを認め、これを、平成何年何月何日までに甲方に持参または送金して支払う。
2. 乙および丙が、前項の支払いを怠ったときは、乙および丙は、違約金10万円を上記96万円に付加して支払わなければならない。
3. 本件事故に関し、甲と乙、丙との間には、本示談書に記載した事項以外には何らの債権債務の関係も存在しないことを相互に確認する。

上記、示談成立を証するため、本書３通を作成し、甲、乙、丙それぞれが各１通を所持していることとする。

令和　年　月　日

（甲）　　　甲　野　太　郎　㊞
（乙）　　　乙　山　一　郎　㊞
（丙）　日本株式会社
　　　　代表取締役　日本三郎　㊞

（注）上記の示談条件のなかに、「既払分のほか」とありますが、これは、示談書成立前に加害者が被害者に支払った分は別にして（すなわち、既払分はそのままにして）、そのほかに今後、加害者が支払うのが96万円だ、ということである。この方法は、裁判所の調停調書などでも使用されており、便利な用語と思う。

この例は、人損も物損も区別していないが、要は総額の問題なので、必要なとき以外は、このように総額だけで足りる。

■傷害事故の示談書②　後遺症が残った場合（分割払い）

※当事者や事故の表示は省略（前掲書式参照）

（示談条件）

1. 乙と丙とは連帯して甲に対し、既払分のほかに、金1,000万円の支払義務のあることを認める。

その内訳は、

・治療費残金	100万円
・休業補償費	50万円
・後遺障害９級の逸失利益	350万円
・障害慰謝料	100万円
・後遺障害慰謝料	400万円

なお、既払分とは、治療費50万円（ただし、強制保険から受領）と付添人費用18万円とである。

2. 乙と丙とは、前項の1,000万円を、次のとおり分割して甲方に持参または送金して支払う。
　・令和□年６月30日限り金300万円
　・令和□年12月28日限り金300万円
　・令和□年３月31日限り金400万円
3. 乙、丙が前項の割賦金の支払いを１回でも怠ったときは、あらためて何らの催告を要せず、当然に期限の利益を失い、その時の残額全部および違約金200万円を、直ちに支払わなければならない。
4. 甲と乙、丙間には、本示談書記載事項以外には何らの債権債務の関係もないことを相互に確認する。

（以下略）

第3章

死亡事故の場合の示談交渉マニュアル

♧二〇一九（令和元）年中の交通事故による死者数（二四時間以内）は三五三二人で、四〇〇〇人を下回り減少傾向ですが、まだまだ深刻な数字です。本章では、交通事故で死亡した場合の示談の交渉の仕方を、損害賠償額を中心に解説しました。

●死亡事故の場合に紛争になりがちなこと

■損害賠償金の相続では遺言書があっても法定相続分による

死亡事故の場合には、損害賠償を請求できるのは死亡者（被害者）の相続人です。相続人が何人もいる場合には、法定相続分に応じて請求権を持つことになります。相続人になる順位と相続分は、次頁の図のとおりです。

問題は遺言書があった場合です。たとえば、死亡した被害者が、生前に遺言書を残しており、妻に全財産を与える旨の遺言をしていた場合は、どうでしょうか。一般の相続の場合には、遺言書があれば遺言書が法定相続よりも優先します。しかし、その場合でも、遺言書の内容が「全財産を○○子に譲る」とあっても、相続分の二分の一に当たる遺留分は保証されています。

しかし、交通事故による死亡の場合には、遺言書を作成したときには、損害賠償金は存在していなかったわけですから、損害賠償金についてまで遺言の効力は及ばないものと考えます。ですから、損害賠償金は法定相続分に従って相続人が相続することになります。

死亡事故の場合には、必然的に損害賠償金額も高額になります。そのため、被害者に発生した事故について過失があると、過失相殺（第5章参照）により減額される金額も多くなります。死亡事故では肝心の被害者が死亡しているわけですから、過失相殺の認定でもめがちです。残された被害者側では、あらゆる資料を駆使して、加害者側の過失を証明することが必要です。

■慰謝料については法定相続人以外でももらえる場合がある

よくもめるのは、夫が死亡し妻と子供が相続人になる場合、夫の父や母には何の権利もないのかという点です。すなわち、損害賠償金をめぐっての嫁と舅・姑との対立です。

妻と子供が相続人になる場合には、死亡者の親には相続権はありません。しかし、慰謝料については、死亡者の親にも固有の慰謝料請求権を認めています。そこで、これをめぐっての争いが起こるのです（詳細は一三二頁参照）。

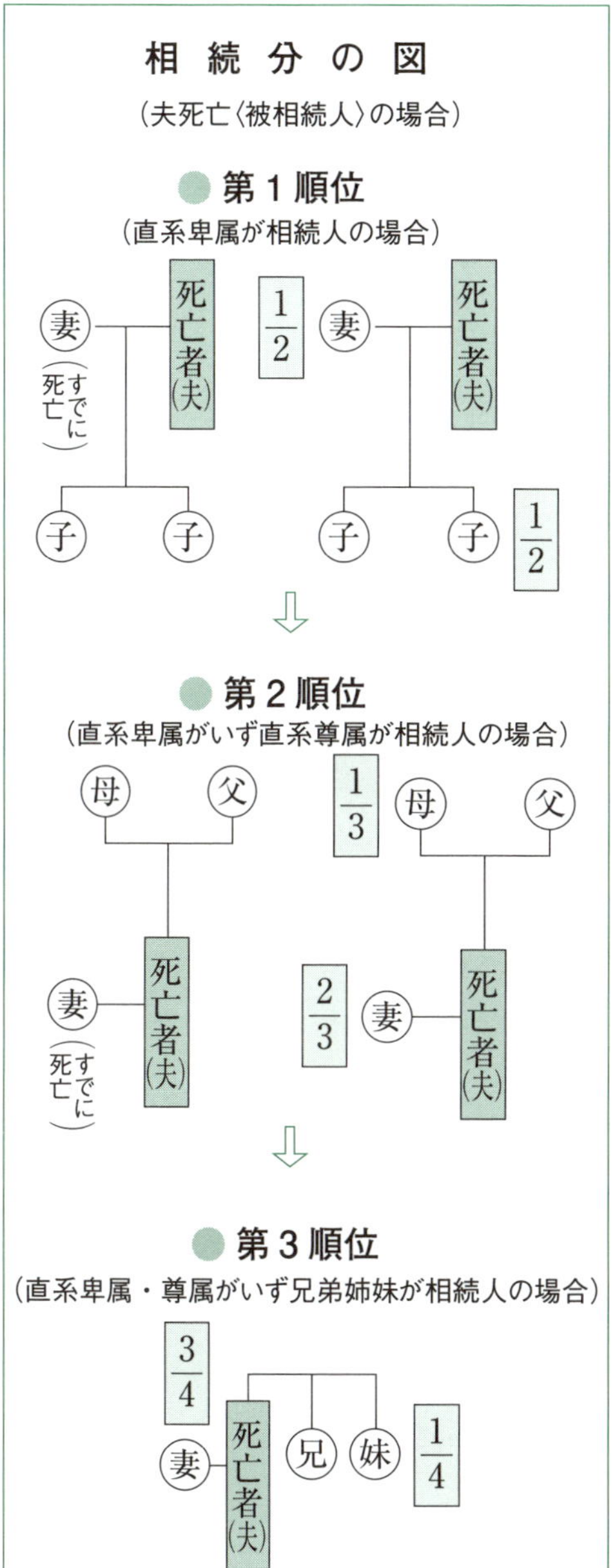

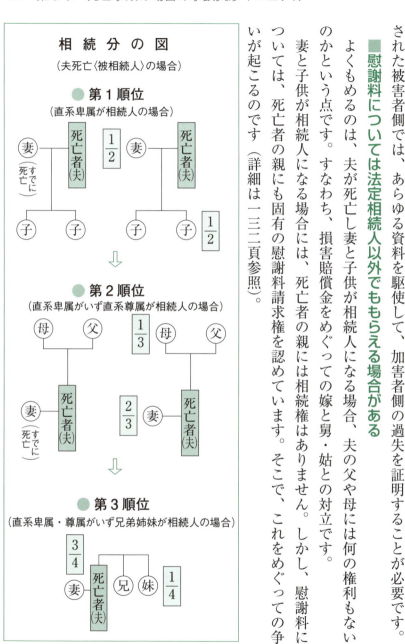

死亡事故と示談交渉①

1 加害者が葬式にも顔を出さないので交渉をしたくない

保険会社の示談交渉担当者を拒否することはできるか

死亡事故にあって残された被害者側にとっては、親族を死に至らしめた加害者は憎んでも憎みきれない存在でしょう。それなのに、お通夜にも顔を出さず、葬式にも出てこないとなると、示談の話がきても無視したくなる気持ちもわかります。

また、死亡事故を起こした加害者にとって、示談ができているかどうかは、刑事事件で起訴されるかどうか、あるいは量刑の判定の上で(すなわち執行猶予がつくかどうかなど)、大きな影響があります。そのために、加害者はできるだけ早く示談をしてくれと言ってくる例が多いのです。

ここは一つ冷静になって考えることが必要です。いくら悔やんでも、死んだ人は帰ってきません。大事なことは、残された遺族のこれからの生活の方です。

確かに、現在の任意保険の多くは、示談交渉付きである自家用自動車総合保険であるため、示談交渉に来るのは保険会社の担当者です。保険会社の担当者は、事故とは無関係な第三者ですから、比較的冷静です。そのため、こちらが冷静に対応すれば、示談交渉もスムーズに進みます。

相手が示談交渉に来なければ法的手段を取るしかない

特に加害者が、刑事裁判を控えており、示談交渉を急いでいるという事情があれば、これを逆手にとって、交渉を有利に進めることができます。葬式に顔を出さないからということで、こだわっていれば示談は難航します。

前にも述べましたが、保険会社から交渉に来た担当者との交渉を断ることはできます。しかし保険会社との交渉を断ったからといって、加害者がすぐに示談交渉の場に出て来るとは限りません。そうなってくると、示談交渉は開始できませんから、損害賠償請求の訴訟を起こして解決を図らねばなりません。しかし、訴訟をするには、弁護士を頼まなければならず（本人訴訟も可能ですが、実際問題としては大変です）、時間も費用もかかります。

訴訟をせずに放っておくと、また別の問題ができます。時効の問題です。損害賠償請求権の時効は損害および加害者を知ったときから三年間（人身事故は五年間）で消滅（令和二年四月一日以降の事故）しますし、保険金請求権も三年で消滅します。時効によりこれらの請求権が消滅してしまいますと、一円も取れなくなるのです。

何度も言いますが、交通事故の示談というのは、交通事故により被った損害賠償金を話合いによって解決することが主眼です。ここは感情的にならず、冷静にかつ有利に話合いを進めることが肝心です。

ポイント　示談交渉をせずに放っておくと時効により請求権が消滅するので注意する。

2 示談交渉する相手と交渉時期を決める

死亡事故と示談交渉❷

相続人内部でモメていても対外的には洩らさないこと

相続人が残された妻一人というように単独であれば、誰が示談交渉をするのかは問題になりません。実際は、相続人が一人というケースは稀で、複数いるのが一般的です。

相続人が妻（あるいは夫）と子というケースでは、損害賠償金をめぐっての紛争は余り起こらないでしょうが、妻と夫の親、妻と夫の兄弟姉妹が相続人となるという場合には、なかなか一筋縄ではいかないようです。

相続人がそれぞれ勝手に、自分に損害賠償金を払ってくれと、主張するような状況では示談交渉はまとまりません。加害者に足元を見られ、いつまでも放っておかれるのが関の山です。

相続が発生すると、誰がどれだけ相続するかは紛争になりがちです。しかし、このような内部の紛争があっても、これを交渉相手にもらしてはダメです。対外的には相続人のうちの誰が交渉に当たるかを決めることが先決です。

さて、誰を交渉人にするかということですが、相続人の中には口の達者な人、押しの強い人がいるものです。こういう人が示談交渉には適していると言えますが、問題はその人について、とかくの噂があり、信用がおけないという場合です。こういう場合には、相続人全員で口座を開いておき、示談交渉がまとまって損害賠償金を払ってもらう場合に、その口座に振り込んでもらうようにすることです。そうすれば、預金は相続人全員のハンコがなければ下ろすことはできませんので、相続人の内部での話合いができてから預金を下ろし分配すればよいでしょう。

どの時点で、どのようにして示談交渉は始めたらよいか

前にも触れましたが、加害者が刑事事件で起訴か不起訴かが問題になったり、刑事裁判で執行猶予がつくかどうかが焦点になっている場合には、加害者としては一刻も早く示談の開始を望むでしょう。また、死亡したのが一家の支柱であれば、被害者側は経済的にも困ることになりますので、いつまでも示談の開始を遅らすわけにもいきません。また、何年も放っておくと、消滅時効にかかってしまいます。亡くなった方の葬儀が終わり、四十九日が終わってからというのが、示談交渉を開始すべき時期として適当だと考えます。

加害者側から示談の話を何も言ってこないときに弁護士の取る方法は、まず「○○の交通事故の損害賠償の件について話合いをしたいので、令和○年○月○日に当事務所にお越し願いたい」という内容証明郵便を出すことから始めます。電話や手紙ではなく、内容証明郵便で出すと、加害者に誠意があれば、何らかの返事があるはずです。それによって示談交渉を開始すればよいのです。これに対して、何らの対応がなければ再度、内容証明郵便で回答を促し、それでも無視するようであれば、法的な手段（五二頁参照）を取らざるを得ないでしょう。

ポイント　適当な人がいなければ弁護士に頼むのも一案。

3 示談交渉前にはどんな書類を集めておいたらよいか

事故証明書は強制保険の請求でも任意保険の請求でも必要

死亡事故にあった被害者側では、経済的に困窮することは目に見えています。これを補うのが強制保険です。死亡者が余程の高齢者でない限り（高齢者は逸失利益が少ない）は、強制保険から三〇〇〇万円の保険金が出ます。まず、これで生活面を安定させ、その後にじっくりと示談交渉して、損害賠償金を決めるべきです。

強制保険金の請求に必要な書類である「事故証明書」が、示談交渉の場合にも必要です。これは自動車安全運転センターで発行してもらえます。事故証明書は、事故が、いつ、どこで、どのようにして起きたかを証明する書類です。

死亡事故の損害賠償請求権者は相続人です。そのため、示談交渉をする前に、相続人であることを明らかにする書類も必要です。被害者側としては自分が正当な相続人であることを証明する書類として、死亡した本人の「除籍謄本（全部事項証明書）」と、残された遺族の「戸籍謄本（全部事項証明書）」を示すことが必要となります。

死亡した被害者が病院に担ぎ込まれ、入院、手術、治療等を受けた後に死亡したのであれば、これらの費用を証明する書類も必要です。これに該当するものが「診断書」「診療報酬明細書」

です。病院から出してもらいます。また、付添看護を頼んだのであれば、領収書が必要です。この他にも、実際にかかった費用があれば、請求できます。たとえば、葬儀費用です。これも領収書等で証明することになります。

収入を証明するために必要な書類は

死亡事故の場合に、一番高額となるのは逸失利益です。被害者が死亡しなければ得られたはずの利益です。この証明は被害者側でしなければなりません。いわゆる収入の証明といわれているものです。サラリーマンや公務員であれば、勤務先の発行する「給与証明書」あるいは「源泉徴収票」で証明することができます。また、自営商工業者や自由業者は、前年度の「確定申告書」の写しや「納税証明書」で収入の証明をします。

実際の収入額は、税務署への申告額よりも多かったというのは、よく聞くところです。この場合には、商業帳簿類、取引先の証明書、貯金通帳などあらゆる書類を動員して、実際の収入額を証明するしかありません。農業に従事していた人の場合には、税務署に各地の各作物別の一アール当たりの所得額を決めた「農業所得基準表」がありますので、これを利用するとよいでしょう。

なお、収入の証明については後述しますので、一二四頁以下を参照してください。

ポイント　自動車安全運転センターへの事故証明書の申請書は損保会社や警察署に。

損害賠償額の交渉❶

4 死亡事故の場合の損害賠償額の支払基準

損害賠償額の支払額は定型化・定額化されている

すでに第1章で述べたように、多くの損害賠償の項目は定型化・定額化されています。そして、支払基準としては、弁護士会の基準（日弁連交通事故相談センター・同東京支部）、各損害保険会社の支払基準があります。しかし、示談交渉にあたっては、これはあくまで支払基準であり、一応の目安と考えてください。

損害賠償額の交渉には一定の基準が必要

示談ですので、損害賠償の話合いがつき、契約がなされれば、それはそれで有効ですが、話し合うためには一定の根拠となる資料が必要です。次頁以下に掲載する表は、日弁連交通事故相談センターの基準と自賠責保険基準です。日弁連交通事故相談センターの基準は最近の裁判での判決をもとに作成されているものです。

なお、各保険会社には保険会社の支払基準があり、保険会社の社員などが交渉にくるときは、この基準をベースにした支払額を提示してきます。しかし、この額は、一般的には日弁連交通事故相談センターの基準より低い額です。

ポイント 公表されている支払基準で、まず相場を知っておく。

●死亡事故の場合の損害賠償額の算定法

〔支払われる損害賠償金の内容〕

①積極損害（葬儀費、死亡までの治療費など）＋②逸失利益
＋③慰謝料＋④その他（車・服などの物損など）

①**過失相殺による減額**　被害者に事故発生につき過失があると、交通事故の態様ごとに基本的な過失割合と修正要素を一覧表にした『過失割合認定基準表』により算出した過失割合で損害賠償額が減額される。

（例）　損害賠償額 3,000 万円

＊被害者に過失なし――全額

＊被害者の過失 30 ％認定――支払われるのは 3,000 万円ではなく、30％減額された 2,100 万円となる

②**好意同乗者からの請求**　減額されない場合、慰謝料のみ減額する場合、全損害額から減額する場合の３通りがある。

＊慰謝料から減額――便乗型、運転者が誘った場合

＊全損害額から減額――共同危険関与型（もっとスピードを上げろなどと言った場合）

③**損益相殺による減額**　被害者が交通事故を原因として利益（各種の給付）を受けた場合、二重取りにならないように、その利得分が損害賠償額から控除される場合がある。

＊控除対象になるもの

・受領済の自賠責保険金、政府の自動車損害賠償保障事業給付金

・既払いの労災・健保・国保・厚生年金等の各種保険の給付金

・既払いの遺族補償年金・遺族年金・所得補償保険金

・死亡した人の生活費

〔自賠責保険からの支払い〕

〔支払われる保険金の内容〕

①積極損害（葬儀費、死亡までの治療費など）＋②逸失利益＋③慰謝料

＊物損は対象にならない（着衣損傷など対象となるものあり。144 頁参照）

3,000 万円を上限とする（ただし死亡に至るまでのケガによる損害に対する上限 120 万円の保険金支払分は除く　令２条１項１号）

①**過失相殺による減額**　被害者に重要な過失がある場合は減額を行う（被害者の過失割合が７割未満の場合は減額なし）

＊減額割合―― 20 ％、30 ％、50 ％のいずれかになる

②**因果関係による減額**　事故で受けたケガと死亡との因果関係の認否が困難な場合は、それぞれ減額を行う

●死亡事故の場合の損害賠償額の内容と支払基準

	日弁連交通事故相談センターの基準	自賠責保険基準
積極損害	〔葬儀費〕 130万円〜170万円 具体的な立証はしなくてもよい。 ・仏壇購入費や墓碑建立費が葬儀費に若干加算されるケースや、一部を別途認めたケースがある ・香典返しや弔問客接待費などは、認められない 〔死亡までの傷害による積極損害〕 ①治療費、看護料、交通費、入院雑費などが認められる（個別の認定基準は傷害の場合の項68頁を参照のこと）。 ②弁護士費用は、賠償認容額の1割程度を認める判決が多い	〔葬儀費〕 100万円 令和2年3月31日以前に発生した事故については従前どおり60万円 〔死亡までの傷害の損害〕 ①**治療関係費などの積極損害や休業損害**が認められる ②**弁護士費用**については規程がないが交渉の余地がある
逸失利益	〔逸失利益の算定方法〕 基礎収入×（1－本人の生活費控除率）×就労可能年数に対応するライプニッツ係数 ①**基礎収入の考え方**　事故前の年収。職種別の基礎収入については、原則として次のように考える ・給与所得者は、現実の収入額とし、昇給は規定等により明確化している場合認められる。退職金が定年時に支給される金額より低い場合は差額も加算 ・事業所得者は、事業収入額に占める本人の寄与分を基礎とする ・家事従業者は、賃金センサスの女性労働者の平均賃金を基礎とし、パート収入がこの額を超えている場合にはパート収入を基礎としてもよい（ただし加算はできない） ・幼児など年少者は、賃金センサス（全年齢平均賃金額を基礎としライプニッ	〔逸失利益の算定方法〕 （収入額－本人の生活費）×死亡時年齢に対応するライプニッツ係数 ●**収入額の考え方** 〔有職者〕事故前1年間の収入額と死亡時の年齢に対応する年齢別平均給与額（128ページ参照）の年相当額のいづれか高い額を収入額とする。ただし、以下の例外がある ⓐ**35歳未満で収入額の立証が可能な者**　事故前1年間の収入額、全年齢平均給与額および年齢別平均給与額の年相当額のいずれか高い額 ⓑ**事故前1年間の収入額の立証が困難な者** ㋐**35歳未満の者**　全年齢平均給与額および年齢

逸失利益	ツ式係数を用いて計算）を基礎とし養育費は控除しない ・無職者は、男子または女子労働者の平均賃金を基礎とする ②**生活費の考え方**　生活費は次の割合で控除される ・一家の支柱／女子（女児・主婦を含む）　30～40％ ・男子単身者（男児を含む）　50％ ③**就労可能年数の考え方**　就労可能年数は、原則として満67歳までとする。高齢者の年数については、67歳までの年数と各年齢の簡易生命表の平均余命年数の２分の１のいずれか長期の方を使用する ④**中間利息の控除**　原則として、ライプニッツ方式。	別平均給与額の年相当額のいづれか高い額 (イ)**35歳以上の者**　年齢別平均給与額の年相当額 (c)**退職後、１年を経過していない者**　以上の基準準用。「事故前１年間の収入」を「退職後１年間の収入額」と読み替える **〔幼児・児童・生徒・学生・家事従事者〕**全年齢平均給与額の年相当額。ただし、58歳以上で、年齢別平均給与額が全年齢平均給与額を下回る場合、年齢別平均給与額の年相当額 **〔その他、働く意思と能力を有する者〕**年齢別平均給与額の年相当額。ただし、全年齢平均給与額の年相当額を上限とする ※**年金等の受給者**については、別途定めがある
慰謝料	死者の年齢、家族構成などにより、原則として次の範囲で決定する。 ・**死者が一家の支柱の場合**（被害者の家庭が、主に被害者の収入で生活を営む場合をいう） 2,800万円～3,100万円 ・**死者が一家の支柱に準ずる場合**（家事の中心をなす主婦、養育が必要な子供を持つ母親、独身者でも高齢な父母や幼い兄弟を扶養し仕送りをしている者をいう 2,500万円～2,800万円 ・**死者が上記以外の場合** 2,000万円～2,500万円	死者本人の慰謝料と遺族の慰謝料がある ・**死者本人の慰謝料** 400万円 ・**遺族としての慰謝料** ＊遺族１名　550万円 ＊遺族２名　650万円 ＊遺族３名以上 750万円 被害者に被扶養者がいればこれに200万円加算 ※慰謝料を請求できる遺族は、被害者の父母（養父母含む）、配偶者および子（養子、認知した子および胎児を含む）

損害賠償額の交渉❷

5 死亡までの入院費用なども請求できる

死亡するまでにかかった費用は全額請求できるか

一口に交通事故により死亡した場合でも、即死の場合と救急車で病院に運ばれ、手術や治療を受けたが一週間後に死亡したというようなケースに大別できます。

死亡事故による損害賠償請求のできる項目は、次頁の図のとおりですが、具体的には、実際に支出を余儀なくされた積極損害、死亡したために得られなくなった財産的損害（逸失利益）と、被害者の受けた精神的な苦痛の損害賠償である慰謝料に分けられます。また、死亡までの治療費などの積極損害も請求できます。

被害者が即死か、入院・手術後の死亡かで、損害賠償の請求に差が出るのは、積極損害と慰謝料の点です。交通事故の損害賠償については、その大半が定型化・定額化が図られています。慰謝料については、傷害事故の場合には、入院期間と通院期間に応じて慰謝料がいくらかを算出します（七七頁参照）。

また、死亡事故の場合には、死亡者が一家の支柱であったなどの身分により、慰謝料額が定額化されています。

即死の場合には、慰謝料については定額化されている慰謝料額が支払われますが、入院・手

●入院した後の死亡の場合

死亡の損害賠償

④弁護士費用
＋
③慰謝料
②逸失利益（消極損害）
①葬儀費用（積極損害）
＋

死亡までの損害賠償

③慰謝料
＋
・休業損害――②消極損害
・入院雑費
・付添費用
・交通費
・治療費
――①積極損害

術等を受けた後に死亡したという場合には、これに入院期間に応じた慰謝料額（傷害事故の場合を参照）が加算されることになります。

死亡までに実際にかかった費用は請求できる

入院・手術等を受けた後に死亡した場合の積極損害については、傷害事故の損害賠償の個所（六六頁以下）で述べたことが、入院・手術等の場合に適用されることになります。

すなわち、治療費、入院費、手術料、付添看護を頼んだ場合には、付添看護費、入院雑費、交通費など、実際に支出を余儀なくされた費用が該当します。

これらの費用が、即死の場合の損害賠償額にプラスされることになります。

ポイント 入院後に死亡の場合は即死の場合に比べて高額になる。

損害賠償額の交渉③

6 葬儀費用・香典返し・墓石・墓地に要した費用

一三〇～一七〇万円の範囲内で実費が認められる

いずれ人は死ぬものであり、死ねば葬儀をするのが通常であるのに、その費用を交通事故の加害者に負担させるのは疑問との考え方から反対する意見もありますが、直接被害者を死亡させた加害者に、せめて葬儀費用を負担させるのは当然との常識的な世間一般の感情、それに葬儀費用には一種の慰謝料的な性格が含まれているとの考え方から、現在では、加害者に葬儀費用を負担させています。

葬儀に要する費用としては、病院からの死体運搬費、火葬費、葬儀屋に支払った費用、自動車賃、お布施などが含まれます。

さらに初七日、三十五日、四十九日の読経料、回向料などの法要費も含まれます。

かつては、これに要した費用の領収書等を集めて請求していましたが、現在では定額化が図られ、一三〇万円～一七〇万円の範囲内であれば、これを認めています。なお、自賠責保険では一〇〇万円以下であれば、領収書等がなくても認められます。

また、香典返しについては、これは他から贈与を受けたもののお返しですから、損害にはなっていないということで、加害者には請求できないとされています。

最近の判例では墓碑建設費を認める例が出てきた

では、死亡した被害者の墓石代や墓地を購入した場合の代金は、損害賠償として認められるのでしょうか。

被害者の死亡を契機に墓地を購入し墓石を建てても、将来その一家あるいは子孫全員の霊を祭るために利用されるわけですから、事故との因果関係はないとして墓碑建設費を認めないとした判例もあります。

これについて最高裁の判例は、遺族にとっては費用を余儀なくされるという点では、葬儀費用と区別するいわれはないとして、墓碑建設費なども認めるべきであるとの判断を下しました（昭和四四年二月二八日判決）。

では、いくら認めるかですが、これについては被害者の年齢、境遇、家族構成、社会的地位、職業などを考慮して常識的な金額相当を認めるとしており、個別的に判断するということのようです。

たとえば、判例を見てみますと、大阪地裁・平成一二年七月二五日判決では、葬儀費用、墓石代、追悼関連費用など一一〇〇万円の請求につき合計で一八〇万円を認め、岡山地裁・平成六年一一月二四日判決では、墓地永代使用料および管理料六三万円余、石碑・墓石代一二〇万円を認めています。

ポイント　高額な墓を建てても全額が認められるわけではない。

損害賠償額の交渉④

7 生きていれば得られたはずの利益（逸失利益）の出し方

逸失利益を計算する方法は

死亡事故の場合に被害者側にとって一番重要な問題が逸失利益の算定です。また、損害賠償金額の中でも、一番高額になるものです。逸失利益とは、被害者が事故にあわず生きていたら、六七歳になるまでの間に取得したと推測される利益（収入）のことをいいます。この六七歳というのは、この年齢まで働けると想定される年齢で、裁判所も保険会社もこれを認めています。ただし、高齢者の場合は平均余命の1／2です。

逸失利益がいくらになるかを証明する責任は被害者側にあります。逸失利益の計算の仕方は、後述するように決まっていますから、しなければならないことは、その算定方法の材料である死亡した被害者の「収入の証明」が、もっとも大事な仕事といえます。

まず、逸失利益を算定する方法の大筋を述べておきます。

・死亡した被害者の年収を出す。
・被害者の年間消費支出額（定型化されている）を出す。
・年収から年間消費支出額を差し引いて年間純利益を出す。
・被害者の就労可能年数（残存稼働年数）を出す（六七歳になるまでの年数）。

生活費の控除率

一　家　の　支　柱	30%～40%

※判例では30%から40%の範囲で一定していないが、総体的には30%をとるものが多い。

女子（女児・主婦を含む）	30%～40%

※幼児・年少者については従来、男女一律に50%とされていたが、賃金センサス（男女別平均賃金）を使用する場合の男女格差是正の意味から30%～40%とする判例が多い。

男子単身者（男児を含む）	50%

※男子単身者でも、事情によっては50%を下回る判例もある。

・年間純利益に就労可能年数を掛ける。その際にライプニッツ式計算法によって中間利息を差し引く。

生きていれば生活費がかかるわけだからこの分は差し引く

就労可能年数と収入の証明の仕方については、次項以降で述べますので、ここでは年間消費支出額について述べておきます。

被害者が生きていれば、当然生活費がかかるわけですから、これは損害賠償額から控除しなければなりません。これは家庭により、人により相当バラツキがありますので、査定は困難です。かつては、裁判所は、家計簿や家族の証言などに具体的に算定していましたが、現在では定型化され、上段の表のようになっています。

ポイント　控除する生活費は家庭における立場で異なる。

8 就労可能年数と利息分の控除の仕方

幼児や小中学生の場合には一八歳から六七歳までが就労可能年数となる

就労可能年数とは、被害者が事故にあわずにいればあと何年働けたかを示すものです。残存稼働年数ともいいます。たとえば、三五歳の人が死亡事故にあった場合には、六七から三五を差し引いた三二年間が就労可能年数ということになります。

ただし、五歳の幼児や一三歳の中学生などの未成年者の場合には、直接六七からその年齢を差し引くわけではありません。幼児や未成年者の場合は六七歳から一八歳を差し引いた四九年間を就労可能年数としています。

作家などの自由業者、自営業者など七〇歳を過ぎても働けるとみるのが常識的ですが、平均して六七歳とするのが裁判所や保険会社の考え方なのです。

では、死亡した時点で、六七歳に近い人や六七歳を過ぎていた人はどのように考えればいいのでしょうか。年齢が五四歳以上の場合には、平均余命表（簡易生命表、一三八頁参照）を見て、その人の平均余命年数を調べ、その半分を就労可能年数と見ています。なお、自賠責保険には一二二〜一二三頁に掲げるような就労可能年数についての表があります。

ライプニッツ式計算法やホフマン式計算法

逸失利益というのは、生きていれば将来得たと思われる収入を、現在一度にもらうのです。お金は銀行に預けていれば、利息がつきます。その分は控除しなければなりません。これを中間利息の控除といい、中間利息を差し引く計算方法が、ライプニッツ式計算法やホフマン式計算法です。そして六七歳になるまでの収入について、現在、一度にもらうので、将来の分は一定割合の利息分を差し引くというのが逸失利益の計算方法なのです。この一定の割合は、民事法定利息の年五分とされていましたが、最近の低金利からこれを下回る利率による判決も出されています（詳細次項参照）。

中間利息を控除する方法には、ライプニッツ方式と新ホフマン方式があります。前者は、年毎の収入について複利で計算する方法であり、後者は単利で計算する方法です。細かな係数表ができていますので、これを利用します。被害者にとっては、単利で計算する新ホフマン方式よりも複利のライプニッツ方式で計算する方が控除額は多くなりますので被害者にとっては不利になります。

就労可能年数が多くなればなるほど、どの方式かで金額に大きな差が出ます。裁判所は以前は東京地裁がライプニッツ方式、大阪地裁がホフマン方式で計算していましたが、裁判所によって方式が異なるのはおかしいということで、現在は次項のようにライプニッツ方式でほぼ統一されています。

ポイント　現在では係数表の係数を掛けるだけで算出できるようになっている。

損害賠償額の交渉⑥

9 中間利息を控除する方法はライプニッツ方式

中間利息控除方法は下級審ではライプニッツ式計算法にほぼ統一

死亡事故や後遺症が残った場合の逸失利益を計算する場合には、将来の分を現在一時に請求することになるため、その間の中間利息を控除しなければ不公平になります。その控除方法として、単利で控除するホフマン方式と複利で控除するライプニッツ方式があります。

これについて最高裁判所は、どちらの方式をとっても合理的であるという理由で、いずれの方式でもよいと判断していました。しかし、たとえば一三歳の中学生が死亡した事故の逸失利益を年利五％の場合で比較してみると、ライプニッツ方式とホフマン方式とでは、認容額に約一五〇〇万円もの差がでます。訴え出た裁判所の違いで認められる金額に、このような大きな差が出ることは裁判所の信頼感が損なわれ問題だと、各方面からの批判がありました。

このような批判に応えるため、民事交通専門部のある東京、大阪、名古屋の裁判官が協議を行い、今後、逸失利益を算出する際の中間利息の控除方法をライプニッツ方式に統一するとの共同提言を行いました。平成一一年一一月のことです。この共同提言がなされたことにより、自賠責保険では従来はホフマン方式で逸失利益を算出していましたが、平成一二年一月一日以降、ライプニッツ方式によることに改めました。しかし、最近、最高裁はホフマン方式を採用しても不合理なものとはいえないとの見解を示しています（平成一二年一月二六日）。

中間利息控除の利率

従来、中間利息は民事法定利息の年五分（％）の割合で控除されていました。しかし、現在のような超低金利の時代には、年五％では被害者にとっては不利で控除率が高すぎるともいえます。こうしたことから、年四％とする福岡地裁（平成八年二月一三日）に始まり、四％（東京高裁）、年三％（長野地裁）、年二％（津地裁熊野支部）の判決が出されています。共同提言（下段記事参照）では、「特段の事情がない限り、年五分（％）の割合によるライプニッツ方式」とし、その後、最高裁でも年五％を妥当とする判決が出されました。

しかし、今回の民法改正により法定利率は年三％となりました（民法四〇四条二項）。

ポイント　民法改正で年三％に。

〔共同提言の骨子〕

① 交通事故の逸失利益の算定において、原則として、幼児、生徒、学生の場合、専業主婦の場合、及び、比較的若年の被害者で生涯を通じて全年齢平均賃金又は学歴別平均賃金程度の収入を得られる蓋然性が認められる場合については、基礎収入を全年齢平均賃金又は学歴別平均賃金によることとし、それ以外の者については、事故前の実収入によることとする。

② 交通事故の逸失利益の算定における中間利息の控除方法については、特段の事情のない限り、年五分の割合によるライプニッツ方式を採用する。

③ 上記①及び②による運用は、特段の事情のない限り、交通事故の発生時点や提訴時点の前後を問わず、平成一二年一月一日以後に口頭弁論を終結した事件において、同日から実施する。

およびライプニッツ係数

（ライプニッツ係数は年利３％で計算。
民法改正により法定利率は従来の年利５%から
3%になりました（令和２年４月１日以降）。）

年齢	就労可能年数	ライプニッツ係数	年齢	就労可能年数	ライプニッツ係数	年齢	就労可能年数	ライプニッツ係数
39歳	28 年	18.764	60歳	12 年	9.954	81歳	5 年	4.580
			61	12	9.954	82	4	3.717
40	27	18.327	62	11	9.253	83	4	3.717
41	26	17.877	63	11	9.253	84	4	3.717
42	25	17.413	64	11	9.253			
43	24	16.936				85	4	3.717
44	23	16.444	65	10	8.530	86	3	2.829
			66	10	8.530	87	3	2.829
45	22	15.937	67	9	7.786	88	3	2.829
46	21	15.415	68	9	7.786	89	3	2.829
47	20	14.877	69	9	7.786			
48	19	14.324				90	3	2.829
49	18	13.754	70	8	7.020	91	2	1.913
			71	8	7.020	92	2	1.913
50	17	13.166	72	8	7.020	93	2	1.913
51	16	12.561	73	7	6.230	94	2	1.913
52	16	12.561	74	7	6.230			
53	15	11.938				95	2	1.913
54	15	11.938	75	7	6.230	96	2	1.913
			76	6	5.417	97	2	1.913
55	14	11.296	77	6	5.417	98	2	1.913
56	14	11.296	78	6	5.417	99	2	1.913
57	14	11.296	79	5	4.580	100	2	1.913
58	13	10.635				101	2	1.913
59	13	10.635	80	5	4.580	102～	1	0.971

2．18歳未満の者（有職者及び家事従事者を除く。）の場合の就労可能年数及びライプニッツ係数は次のとおりとした。

⑴　就労可能年数　67歳（就労の終期）とその者の年齢との差に相当する年数から18歳（就労の始期）とその者の年齢との差に相当する年数を控除したもの

⑵　ライプニッツ係数　67歳（就労の終期）とその者の年齢との差に相当する年数に対応するライプニッツ係数から18歳（就労の始期）とその者の年齢との差に相当する年数に対応するライプニッツ係数を控除したもの

死亡時の年齢別就労可能年数

(1)　18 歳未満の者に適用する表

年齢	幼児・学生・働く意思と能力を有する者		有　職　者	
	就労可能年数	ライプニッツ係数	就労可能年数	ライプニッツ係数
0 歳	49 年	14.980	67 年	28.733
1	49	15.429	66	28.595
2	49	15.892	65	28.453
3	49	16.369	64	28.306
4	49	16.860	63	28.156
5	49	17.365	62	28.000
6	49	17.886	61	27.840
7	49	18.423	60	27.676
8	49	18.976	59	27.506
9	49	19.545	58	27.331
10	49	20.131	57	27.151
11	49	20.735	56	26.965
12	49	21.357	55	26.774
13	49	21.998	54	26.578
14	49	22.658	53	26.375
15	49	23.338	52	26.166
16	49	24.038	51	25.951
17	49	24.759	50	25.730

(2)　18 歳以上の者に適用する表

年齢	就労可能年数	ライプニッツ係数
18歳	49 年	25.502
19	48	25.267
20	47	25.025
21	46	24.775
22	45	24.519
23	44	24.254
24	43	23.982
25	42	23.701
26	41	23.412
27	40	23.115
28	39	22.808
29	38	22.492
30	37	22.167
31	36	21.832
32	35	21.487
33	34	21.132
34	33	20.766
35	32	20.389
36	31	20.000
37	30	19.600
38	29	19.188

(注)　1．18 歳未満の有職者及び家事従事者並びに 18 歳以上の者の場合の就労可能年数については、
　(1)　52 歳未満の者は、67 歳とその者の年齢との差に相当する年数とした。
　(2)　52 歳以上の者は、「第 22 回生命表（完全生命表）」による男又は女の平均余命のうちいずれか短い平均余命の 1/2 の年数とし、その年数に１年未満の端数があるときは、これを切り上げた。

10 被害者の収入の証明の仕方

損害賠償額の交渉⑦

サラリーマンや公務員の場合は源泉徴収票で

被害者側が必ずしなければならないことは、死亡した被害者の事故当時の収入額を証明することです。この証明ができない場合には、収入がなかったことになり不利になります。

死亡した被害者がサラリーマンや公務員の場合には、勤務先から受け取っている年収が基準となります。本給のほか、諸手当て、賞与、退職金も含まれます。通常、源泉徴収票で年収の証明をしますが、ない場合は、会社で収入の証明書を作成してもらうことが必要です。

定年後の収入については、六七歳まで賃金センサスを使って収入を算出した判例や定年退職時の収入の六〇%を認めた判例があります。退職金については、大企業や公務員の場合には、退職金制度や退職金規程が設けられていますので、退職金差額分（死亡退職で減少した分）が認められます。このような規程がない会社では、通常、退職金の請求は認められません。

なお、無職者は、原則として、男子または女子労働者の平均賃金を基礎に算出します。

個人事業主・農業従事者・年少者・主婦の場合

商店経営者、自由業者などの個人事業主の場合には、税務署への確定申告書により収入の証明をします。税務署へ申告した額以上に実際は所得があったという場合には、あらゆる資料を動員して実際の所得額を証明できれば、収入として認められることもあります。また、親子で共同して店を経営していたという場合、所得に対する本人の寄与した割合を掛けて算出します。

農業従事者の場合には、税務申告をしている場合には、その申告に基づいて計算する方法、あるいは農業の粗利益に対して経費を三分の一として算出した判例があります。農閑期には出稼ぎに行っていたという場合には、その収入を加算してもかまいません。家族で農業をやっていたという場合には、本人の寄与率を出して算出することになります。

幼児や小中学生など働いていない未成年者の場合には、賃金センサスの男女別の平均賃金から生活費として五〇％を控除して、一八歳から六七歳までの四九年間を就労可能年数として、中間利息を控除して逸失利益を算出しています。しかし、男女別の賃金センサスによる平均賃金を用いると女性は男性よりも低いため「男女差別」ではないかと争われていましたが、全労働者の平均賃金を用いた例と女子労働者の平均賃金を用いた例を認め統一されていません（最高裁・平成一四年七月九日決定）。養育費は控除しないというのが判例です。

専業主婦の場合には、実際には収入はないわけですが、家事労働に経済的な価値があるものと認め、女子労働者の賃金センサスによる平均賃金を判例では認めています。パートで働いている主婦については、賃金センサスによる女子の平均賃金よりもパート収入の方が多ければこれによりますが、両方の請求は認められません。

ポイント　収入の証明が困難な人の場合には賃金センサスで。

その他の人の収入の証明

★サービス業者の場合の収入の証明の仕方

帳簿類もきちんとつけてあり、それに基づいて税務申告をしていれば、申告額が純益となる。しかし、実際はもっと収入があるという場合には、帳簿等の書類でその証明をしなければならない。帳簿類が不備という場合には、サービス業については、売上、経費などに関する統計として、総務省統計局編の「個人企業経済調査年報」の中にある「サービス業の営業状況」が参考になる（この本は官報等を販売しているサービスセンターで販売されている）。

★大工・左官などの収入の証明の仕方

棟梁や親方の収入の証明だが、これらの人たちは、直接、施主や建設業者などから仕事を請け負って仕事をしているので、取引先との契約書や帳簿により年収を算出できる。また、税務署への確定申告をしていれば、申告額が逸失利益の計算の元になる。棟梁や親方の下で働いている大工や左官の人たちの場合は、それぞれ都道府県単位で同業者の組合があり、これらの組合で一日の賃金がいくらというように一定の額が決められていて、自分の所属する組合の協定や証言によって、一日の賃金を証明することができる。働く日数を一か月三〇日とはみないで、休日を除いた二〇日～二六日として計算し、一年分の年収を算出する。

★自由業者の場合の収入の証明の仕方

自由業とは、医師、作家、弁護士、公認会計士、税理士などで、こういう人の収入の定め方は、前年度の確定申告による年間所得額を基準とするのが一番よい。しかし、多くの人がこの申告所得額は実際より少ないのが実情であり、そこで、帳簿、伝票、源泉徴収票などにより、申告額以上に所得があったことを確実に証明できたときは、申告額以上の収入を裁判所でも認めている。保険でも裁判でも、普通は六七歳までを稼働期間としているが、医者とか、弁護士などのように高齢に達しても十分仕事がこなせるのが現状なので、六七歳以上まで稼働期間を認めた判例がある。

★学生の場合の収入の証明の仕方

高校生の場合、具体的収入はないから、賃金センサスを用いて逸失利益を計算するが、この表の利用の「旧中・新高卒」欄の該当数字を基礎とする。また、工業高校に通学していた場合は、技術系の平均賃金を基礎とすることもできるし、大学進学が確実視されていた場合には短大卒または大学卒の平均給与額を用いてもよい。大学生の場合、専門職該当の学科を選択して教育訓練を受けているから（医学部なら医者に）、それらの知識を活用できる職に就く可能性は高いといえる。だから、賃金センサスを利用する際にも業種別の表を用いることができる。また、四年生で就職が内定していたという場合は、その会社の賃金を基準に計算したほうが有利な場合には、こちらを使ってもよい。

★ＯＬの場合の収入の証明の仕方

未婚の女性の場合には、一般的には、厚生省の統計による女性の平均結婚年齢二七〜二八歳くらいまでを、事故当時の収入を基礎として計算し、その後六七歳までを賃金センサスによる女子労働者の平均賃金を基礎として算出することになる。しかし、事故当時の年齢や家庭の環境によっては、一生現在の職業に就いていただろうと予測されるときは、六七歳まで事故当時の収入を基礎として算出することも可能である。判例も、結婚の事情を考慮せず、事故当時の収入を基礎として六七歳までの逸失利益を計算した例、賃金センサスによる平均賃金を基礎として六七歳までの収入を算出した例などもある。

なお、無職の未婚女性は、賃金センサスによる女性の平均賃金を基礎として算出する。

★年金生活者の場合の収入の証明の仕方

恩給や老齢年金が逸失利益の対象となるかどうかについては意見が分かれていたが、最高裁の平成五年九月二一日の判決で逸失利益として認めた。問題は、恩給や老齢年金を受給していた本人が死亡すると、遺族には遺族扶助料や遺族年金が支給されるようになり、恩給や年金を逸失利益として加害者に請求し、かつ遺族扶助料や遺族年金を受給するとなると二重取りとなり不公平になる。これについても、最高裁判例が出され、相続人のうちに退職年金受給者の死亡を原因として遺族年金の受給権を取得した者があるときは、支給を受けることが確定した遺族年金の額の限度で、賠償を求めうる損害額から控除すべきものであるとした（平成五年一〇月二四日大法廷判決）。

★高齢者の場合の収入の証明の仕方

高齢者で現に収入を得ていることが証明できれば当然、逸失利益は認められる。死亡時に六七歳に近い人や六七歳を過ぎていた人の場合、厚生労働省発表の簡易生命表（一三八頁参照）の平均余命年数を調べ、その余命年数の半分くらいを就労可能年数と見てよいことになっている。その際には、健康状態等も考慮にいれることが必要となる。また、サラリーマンで、定年直前、あるいは定年と六七歳の中間で被害にあった人の場合、定年後の就職先が確定していればその賃金による。また、再就職するつもりではいるがまだ就職先が見つかっていないという場合、①賃金センサスによる平均賃金を採用する方法と②定年退職時の収入の五〇％くらいを定年後の収入と見るなどの方法がある。

全年齢別平均給与額(平均月額) ※自賠責・共済

年　　齢	男　　子	女　　子	年　　齢	男　　子	女　　子
全年齢平均給与額	409,100円(平均月額)	298,400円(平均月額)	歳	円	円
歳	円	円	45	465,900	324,000
			46	471,700	325,300
18	193,200	171,100	47	477,600	326,500
19	211,400	188,800	48	480,400	326,600
20	229,600	206,500	49	483,300	326,800
21	247,900	224,200	50	486,100	326,900
22	266,100	241,900	51	489,000	327,100
23	277,100	249,600	52	491,900	327,200
24	288,000	257,200	53	490,100	325,900
25	298,900	264,900	54	488,400	324,600
26	309,800	272,600	55	486,600	323,300
27	320,700	280,300	56	484,800	322,000
28	330,500	283,000	57	483,100	320,700
29	340,200	285,700	58	458,000	309,200
30	350,000	288,400	59	432,900	297,700
31	359,700	291,200	60	407,800	286,300
32	369,500	293,900	61	382,700	274,800
33	377,900	296,600	62	357,600	263,300
34	386,300	299,300	63	345,000	257,400
35	394,600	302,100	64	332,300	251,600
36	403,000	304,800	65	319,700	245,700
37	411,400	307,500	66	307,000	239,800
38	418,800	310,100	67	294,300	233,900
39	426,200	312,600	68	292,300	234,400
40	433,500	315,100	69	290,200	234,800
41	440,900	317,700	70	288,200	235,200
42	448,300	320,200	71	286,100	235,600
43	454,100	321,500	72	284,100	236,100
44	460,000	322,700	73～	282,000	236,500

(注)　本表は、平成30年賃金構造基本統計調査第1表産業計（民営＋公営）により求めた企業規模10～999人・学歴計の男女別の年齢階層別平均給与額（臨時給与を含む。）をその後の賃金動向を反映するため1.003倍し、その額に100円未満の端数があるときは、これを四捨五入したものである。

※本表は令和2年4月1日以降の事故発生について、自賠責保険・共済に適用。

平成30年の平均賃金

◆男女別・年齢別・年収額

区分	全産業 年収額
	円
全労働者・男女計	
学歴計	4,972.000
～19歳	2,524,200
20～24	3,214,500
25～29	3,969,200
30～34	4,551,600
35～39	5,007,500
40～44	5,400,700
45～49	5,805,300
50～54	6,121,200
55～59	5,973,200
60～64	4,177,600
65～70	3,451,500
70歳～	3,304,600
男子労働者	
学歴計	5,584,500
～19歳	2,620,500
20～24	3,364,500
25～29	4,212,700
30～34	4,941,500
35～39	5,527,500
40～44	6,035,200
45～49	6,612,100
50～54	7,082,300
55～59	6,850,700
60～64	4,550,800
65～70	3,646,000
70歳～	3,429,900
中卒	4,128,200
～19歳	2,392,300
20～24	3,124,400
25～29	3,553,900
30～34	4,044,700
35～39	4,410,000
40～44	4,598,000
45～49	4,974,800
50～54	4,971,700
55～59	4,973,100
60～64	3,565,300
65～70	3,044,200
70歳～	2,825,700
高卒	4,811,100
～19歳	2,629,600
20～24	3,397,200
25～29	3,873,100
30～34	4,304,300
35～39	4,754,700
40～44	5,212,600
45～49	5,555,800
50～54	5,849,600
55～59	5,764,900
60～64	3,883,900
65～70	3,161,900
70歳～	2,878,900
高専・短大卒	5,104,700
～19歳	—
20～24	3,167,600
25～29	3,864,400
30～34	4,388,300
35～39	4,908,600
40～44	5,478,700
45～49	6,103,400
50～54	6,526,000
55～59	6,362,700
60～64	4,383,000
65～70	3,537,200
70歳～	3,463,300
大学・大学院卒	6,689,300
～19歳	—
20～24	3,425,800
25～29	4,529,900
30～34	5,586,000
35～39	6,435,900
40～44	7,199,200
45～49	8,181,900
50～54	8,963,400
55～59	8,552,200
60～64	5,753,900
65～70	5,317,100
70歳～	6,052,000
女子労働者	
学歴計	3,826,300
～19歳	2,348,600
20～24	3,049,800
25～29	3,623,200
30～34	3,816,200
35～39	3,945,500
40～44	4,117,600
45～49	4,213,300
50～54	4,220,700
55～59	4,118,200
60～64	3,243,800
65～70	2,924,100
70歳～	2,962,200
中卒	2,736,800
～19歳	2,026,800
20～24	2,443,100
25～29	2,775,100
30～34	2,818,200
35～39	2,991,200
40～44	2,976,200
45～49	3,010,800
50～54	3,107,400
55～59	2,994,900
60～64	2,547,600
65～70	2,292,300
70歳～	2,156,900
高卒	3,175,100
～19歳	2,357,200
20～24	2,774,500
25～29	2,921,500
30～34	2,987,900
35～39	3,102,500
40～44	3,292,600
45～49	3,466,300
50～54	3,468,500
55～59	3,487,000
60～64	2,772,700
65～70	2,608,500
70歳～	2,758,100
高専・短大卒	4,023,900
～19歳	—
20～24	3,050,400
25～29	3,479,800
30～34	3,719,900
35～39	3,950,700
40～44	4,222,300
45～49	4,504,300
50～54	4,578,500
55～59	4,539,300
60～64	3,747,200
65～70	3,523,600
70歳～	3,799,300
大学・大学院卒	4,625,900
～19歳	—
20～24	3,278,600
25～29	4,035,100
30～34	4,479,800
35～39	4,833,300
40～44	5,318,000
45～49	5,735,100
50～54	6,277,200
55～59	6,063,200
60～64	5,299,200
65～70	5,187,000
70歳～	5,511,400

（注）本表は、賃金構造基本統計調査（平成30年・労働者10人以上）—厚生労働省をもとに作成したものです。

損害賠償額の交渉⑧

11 死亡慰謝料はどのようにして算定するか

精神的な苦痛の受け取り方は被害者により千差万別

慰謝料というのは、被害者自身が受けた被害により被る精神的な苦痛に対する損害賠償です。かつては、本来、慰謝料は痛みを感ずる本人だけに専属するものであり（一身専属権）、相続の対象にはならないとされていました。

これに対して、最高裁判所が、死者が慰謝料を放棄したと解しうる特別の事情がないかぎり、当然に相続されるものであるとの判断を示し、この問題は一応の決着をみました。

慰謝料を算定するに当たっては、被害者の年齢、収入、社会的地位、家族構成、家族の経済的状態に与える影響、死亡に至までの苦痛の程度などを考慮して算定することになっています。しかし、この原則論を貫くと、実際問題として、それぞれ異なる事故の形態、被害者の諸状況によって慰謝料を明確に算出することは困難です。

本来、慰謝料は被害者の主観的、感情的な、いわゆる内心の問題であり、これを一つひとつ取り上げていくことは、際限がなく、また公平さも保たれません。

そこで、できるかぎり不合理な差をなくすために、生命の価値に対して一定の基準を持たせるような定額化が、各地の地方裁判所で始められました。

現在では死亡慰謝料額は定額化されている

しかし現在では、裁判所による慰謝料の基準は発表されなくなり、これに代わるものとして、全国各地の裁判所で出された判決を収集し、分析して、公表している日弁連交通事故相談センターの『交通事故損害額算定基準』(二七訂版)では、死亡した者の年齢、家族構成等により、次のような基準を掲げています。

① 死亡者が一家の支柱の場合　二八〇〇万円～三一〇〇万円

② 死亡者が一家の支柱に準ずる場合　二五〇〇万円～二八〇〇万円

③ その他の場合　二〇〇〇万円～二五〇〇万円

実際には、前に述べた具体的な事情を加味して、右の範囲内で算定することにしています。なお、一家の支柱に準ずる場合とは、家事の中心となっている主婦、養育を必要とする子供を持つ母親、高齢の父母、幼い兄弟の扶養や仕送りをしている独身者などです。

ポイント 慰謝料については強制保険と任意保険では別の定め方をしている。

★損害賠償額の高額例

近時、交通事故で損害賠償額が一億円を超えることは珍しくなくなりましたが、以下で高額判決例を紹介します。

▼三億八七一九万円（認定総損害額）死亡。被害者は男性、五七歳。職業、画家（岡山地裁・昭和五一年九月一三日判決）。

▼二億九七三七万円（認定総損害額）後遺障害。被害者は男性、四〇歳。職業、会社役員(東京地裁・平成七年三月三〇日判定)。

▼二億九三六二万円（認定総損害額）死亡。被害者は男性、五三歳。職業、獣医（名古屋地裁岡崎支部・昭和五七年一一月一八日判決）。

12 相続人以外の親族には慰謝料は認められないのか

損害賠償額の交渉⑨

法定相続人に当たらない近親者にも慰謝料は認められる

死亡事故の場合の慰謝料に関する条文として、民法では「他人の生命を侵害した者は、被害者の父母、配偶者及びその子に対しては、その財産権を侵害されなかった場合においても、損害賠償をなすことを要す」（七一一条）という規定があります。

この規定は、近親者の慰謝料請求権を認めたものといわれていますが、これをめぐっていくつかの問題が起きています。

一つには、この規定により慰謝料請求権を認めているのであるから、相続の対象となる死者固有の慰謝料請求権を認めるのはおかしいというものです。東京地方裁判所では、前述した（一三〇頁）最高裁判所の判決が出たにもかかわらず、近親者固有の慰謝料のみで解決した判決を出しています。

また、他の一つは、この規定で認める近親者の範囲は、被害者の父母、配偶者、その子に限られるのか、あるいはこれは単なる例示に過ぎず、ここに掲げた以外の近親者も含まれるのかという問題です。

古い判例では、民法七一一条は慰謝料請求権者の範囲を一定の近親者に制限したものというのが主流でした。

内縁の妻や同居している叔父・叔母に認めた判例もある

これに対して、近時の判例では、内縁の妻に対して、民法七一一条を類推適用して、慰謝料請求権を認めています。

さらには、生計を共にする娘婿の死亡事故について、義理の母親の慰謝料請求を認めたもの（東京地裁・昭和四七年八月一八日）、死亡した被害者の叔父・叔母に、父母に準ずる者として慰謝料請求を認めたもの（東京地裁・昭和四八年八月二三日）、留守がちの母親に代わって、出生以来身の回りの世話をしていた祖母について、母親に劣らない精神的な苦痛を受けたとして孫の死亡についての慰謝料を認めた判例もあります。

ただ、死亡慰謝料についての判決は、慰謝料総額はいくらというように、出される例がほとんどで、そのために死者の相続人と相続人に当たらない慰謝料を認められる近親者との間で、紛争になることがあります。たとえば、嫁と子供が相続人の場合の父母（すなわち舅・姑）との争いなどです。

もちろん、慰謝料総額の中には、近親者の慰謝料も含まれているわけですから、相続人だけが全額を取るわけにはいきません。親族同士ですから、できるだけ円満な話合いで解決することが望まれます。

ポイント　慰謝料しかもらえない相続人ではない近親者には、多少多めに分けるのも一方法。

13 死亡事故の場合の実際の示談交渉例

損害賠償額の交渉⑩

交渉のポイントをできるだけ早くはっきりさせる（交渉相手が加害者のケース）

被害者は四二歳のサラリーマン。夜間一一時過ぎ、酒に酔って信号のない道路を横断中に自家用車にはねられ、救急車で病院へ運ばれたが一週間後に死亡。加害車両の運転者は一九歳の受験浪人生で、制限速度をオーバーするスピードを出していました。相続人は妻と子供二人。

加害者は葬儀にも参列せず、保険会社の代理人と損害賠償の交渉を開始することにしました。話を進めていくうちに、加害者は未成年だが車は本人名義のものであり、親には損害賠償を支払う責任がないという点が問題となりました。そこで、調査事務所に頼んで調べてもらったところ、加害者は親と同居、車を買うについても親の援助を受けており、車庫も親の敷地にあること、また車は家族で使っていたこと（ファミリーカーの原則）などがわかり、これらのことを告げたところ、親も渋々責任を認めました。過失割合についてはもめたのですが、過失割合認定基準表（一七二頁以下参照）を用いることで話がつき、被害者の過失二〇％で合意しました。

なお、加害者の運転していた車には、対人五〇〇〇万円の任意保険が付いていました。

損害賠償額についての交渉の経過は

逸失利益は、被害者側は四二歳から六七歳までの二五年間の新ホフマン係数一五・九四四（年

◆死亡事故の賠償額の算定例

①　**積極損害**　・葬儀・お墓の費用　150万円……a
・死亡までの入院治療費　50万円……b
②　**消極損害**　・逸失利益
・本人生活費控除率………………………… 年収の３分の１
・稼働可能年数………………………… 67歳までの25年間
・中間利息控除……年 3%（現在は3%）によるライプニッツ方式
850万円×（1 − 1/3）× 14.0939（25年のライプニッツ係数）
＝ 7,986万5,432円≒ 8,000万円……c
※上記年５%のライプニッツ係数は令和２年４月１日以降は年３%のライプニッツ係数
③　**慰謝料**　2,300万円……d
＊損害賠償額＝ａ＋ｂ＋ｃ＋ｄ＝１億500万円
〔過失相殺で２割減額〕１億500万円×（1−0.2）＝8,400万円
〔支払われた保険金〕強制保険より3,000万円
〔今後の支払い〕任意保険より5,000万円、本人負担400万円。
〔注〕退職金の損失を請求できる場合もあります。

利五%）に年収の八五〇万円を掛け、さらに消費生活費を三分の一とし残りの三分の二を掛けた約九〇三四万としたのに対して、加害者側は四二歳から六〇歳（定年）までの一八年間のライプニッツ係数一一・六九（年利五%）に八五〇万円と生活費の三分の二を掛けた約六六二四万円を主張しました。

　慰謝料は、被害者側は二四〇〇万円、加害者側は一五〇〇万円、葬儀費・お墓の費用は、被害者側は三五〇万円、加害者側は葬儀費用は一〇〇万円、お墓の費用は認めませんでした。

　交渉は半年間の間に一二回行い（これ以上は訴訟した方がいい）、最終的には、上表のような示談が成立しました。

ポイント　客観的な資料で話し合う。

■死亡事故の示談書①　相続人が３人で、全額即金払いの場合

示　談　書

□県□市□町□丁目□番地
A（被害者妻）　甲野花子
上同所同番地
B（被害者長男）　甲野一郎
右同所同番地
C（被害者長女）　甲野春子
□県□郡□町□番地
D（加害運転手）　乙山次郎
□県□市□町□番地
E（加害車両所有者）　日本株式会社
代表取締役　日本三郎

上記被害者側（A、B、C）と加害者側（D、E）との間において、下記交通事故に関し、本日、以下のとおり示談した。

一、（事故の表示）

1. 事故日時　令和何年何月何日、午後9時35分ごろ
2. 事故発生地　何市何町何番地先、通称東京高速道路上
3. 被害者　甲野太郎（死亡）
4. 被害車両の表示　登録番号　神さ2425
車種型式　年型乗用車ブルーバード
所有者　甲野太郎
5. 加害車両の表示　登録番号　福さ2255
車種型式　年型大型貨物自動車（いすず）
所有者　日本株式会社
6. 事故発生状況
乙山次郎が前記加害車両を運転して、前記事故発生地付近を□町方面から何市方向に向かって進行中、無理に先行車を追抜こうとしてセンターラインをオーバーし、対向車たる前記被害車両と正面衝突し、その運転者甲野太郎を即死させたもの。

二、（身分関係）

死亡した甲野太郎との身分関係は次のとおりである。
甲野花子はその妻
甲野一郎（23歳）はその長男
甲野春子（18歳）はその長女

三、（示談条件）

1. 乙山次郎と日本株式会社とは、本件事故に関し、連帯して8,000万円の支払義務のあることを認める。
2. 前記8,000万円の内、金3,000万円は甲野花子が被害者請求手続きをして□□保険会社から受領することとする。
3. 差額5,000万円につき、本日、日本株式会社は、下記のとおり支払った。
Aに対し　金1,000万円
B　〃　　金2,000万円
C　〃　　金2,000万円

A、B、Cは、各自前記金銭を本日確かに受領した。

四、以上により、本件事故に関し、A、B、CとD、Eとの間には本示談書に記載した事項以外には、何らの債権債務もなくなったことを相互に確認する。

上記、示談成立したので、本示談書３通を作成し、AとDとEとがその１通を所持しておくこととする。

令和○年○月○日

甲　野　花　子　㊞
甲　野　一　郎　㊞
甲　野　春　子
上記春子は未成年につき、法定代理人、親権者母
甲　野　花　子　㊞
乙　山　太　郎　㊞
日本株式会社代表取締役
日　本　三　郎　㊞

■死亡事故の示談書②　示談の成立から一定期間後に支払うという場合

※当事者の表示や事故の表示はモデル①参照

（示談条件）

1.　乙山次郎および日本株式会社は、本件事故につき、被害者甲野太郎の妻、甲野花子に対し、連帯して金6,500万円の支払義務のあることを認める。

その内訳は、

イ．	治療費	300万円
ロ．	葬儀費	100万円
ハ．	逸失利益	4,100万円
ニ．	慰謝料	2,000万円

2.　前記6,500万円のうち、金2,500万円は甲野花子がすでに強制保険から支払いを受けているので、残金4,000万円について、乙山次郎および日本株式会社は、これを来る平成○年○月○日までに甲野花子方に持参又は送金して支払う（なお、右支払いにつき、○○銀行日本橋支店、普通預金、甲野花子の口座、口座番号3233号へ振込むことを認める）。

3.　もし、乙山および日本株式会社が、前項の金銭を期日までに支払わなかったときは、違約金1,000万円を付加して（合計5,000万円）、甲野花子に支払わなければならないものとする。

4.　本件事故に関し、甲野と乙山および日本株式会社との間に、本示談書に記載された事項以外には何らの債権債務の関係も存在しないことを相互に確認する。

（以下省略）

〔注〕①債権者（加害者）が支払わなかったときにはどうするか。これを過怠約款というが、示談条項で、もし、約束の支払期日に支払わなかったら違約金を取る（賠償金を増やすことになる）とか、月賦契約なら、割賦金支払いを１回でも遅れたら、残額を一時に全部支払う、などということにしておかなくてはならない。
②賠償金を支払う場所として、被害者の銀行口座に振りこんでもらうとよい。

平成30年簡易生命表

男				女			
年齢	平均余命	年齢	平均余命	年齢	平均余命	年齢	平均余命
0（週）	81.25	49	33.67	0（週）	87.32	49	39.31
1	81.29	50	32.74	1	87.35	50	38.36
2	81.28	51	31.82	2	87.34	51	37.41
3	81.26	52	30.91	3	87.33	52	36.47
4	81.25	53	30.00	4	87.31	53	35.53
2（月）	81.18	54	29.10	2（月）	87.24	54	34.60
3	81.11	55	28.21	3	87.17	55	33.66
6	80.89	56	27.32	6	86.95	56	32.73
0（年）	81.25	57	26.44	0（年）	87.32	57	31.81
1	80.41	58	25.56	1	86.47	58	30.88
2	79.43	59	24.69	2	85.50	59	29.96
3	78.45	60	23.84	3	84.51	60	29.04
4	77.46	61	22.99	4	83.52	61	28.13
5	76.47	62	22.15	5	82.53	62	27.21
6	75.47	63	21.33	6	81.54	63	26.31
7	74.48	64	20.51	7	80.54	64	25.40
8	73.49	65	19.70	8	79.55	65	24.50
9	72.49	66	18.90	9	78.55	66	23.61
10	71.49	67	18.12	10	77.56	67	22.72
11	70.50	68	17.35	11	76.56	68	21.83
12	69.51	69	16.59	12	75.57	69	20.96
13	68.51	70	15.84	13	74.57	70	20.10
14	67.52	71	15.11	14	73.58	71	19.24
15	66.53	72	14.38	15	72.58	72	18.38
16	65.54	73	13.67	16	71.59	73	17.53
17	64.55	74	12.97	17	70.60	74	16.69
18	63.57	75	12.29	18	69.61	75	15.86
19	62.59	76	11.62	19	68.62	76	15.05
20	61.61	77	10.95	20	67.63	77	14.24
21	60.63	78	10.31	21	66.65	78	13.45
22	59.66	79	9.68	22	65.66	79	12.67
23	58.69	80	9.06	23	64.68	80	11.91
24	57.72	81	8.47	24	63.69	81	11.18
25	56.74	82	7.90	25	62.70	82	10.46
26	55.77	83	7.36	26	61.71	83	9.76
27	54.80	84	6.84	27	60.73	84	9.09
28	53.83	85	6.35	28	59.74	85	8.44
29	52.85	86	5.89	29	57.77	86	7.83
30	51.88	87	5.45	30	58.76	87	7.24
31	50.91	88	5.05	31	56.79	88	6.69
32	49.94	89	4.68	32	55.81	89	6.16
33	48.97	90	4.33	33	54.82	90	5.66
34	48.00	91	4.00	34	53.84	91	5.19
35	47.03	92	3.68	35	52.86	92	4.75
36	46.06	93	3.39	36	51.88	93	4.34
37	45.09	94	3.11	37	50.90	94	3.96
38	44.13	95	2.86	38	49.92	95	3.61
39	43.16	96	2.62	39	48.95	96	3.30
40	42.20	97	2.40	40	47.97	97	3.02
41	41.24	98	2.19	41	47.00	98	2.76
42	40.28	99	2.00	42	46.03	99	2.53
43	39.32	100	1.82	43	45.06	100	2.31
44	38.37	101	1.66	44	44.09	101	2.12
45	37.42	102	1.51	45	43.13	102	1.94
46	36.48	103	1.37	46	42.17	103	1.78
47	35.54	104	1.24	47	41.21	104	1.63
48	34.60	105 ～	1.13	48	40.26	105 ～	1.49

（本表は、厚生労働省統計情報部編「平成30年簡易生命表」より）

第4章

物損事故の場合の示談交渉マニュアル

♧二〇一九（令和元）年の人身事故の発生件数は約三八万件に達していますが、物損事故についての統計データは公表されていません。事故による車の破損などでは、その損害をどう査定するかで争いも多くみられます。物損は自賠責保険の適用外ですし、相手方が対物の任意保険に加入していなければ交渉は大変です。

●物損事故にはどんな法律が適用されるか

■損害賠償を請求するには法律上の根拠が必要だ

自動車事故の被害者が加害者に対して、損害賠償を請求しようという場合には、法律上の根拠がなければなりません。一般に自動車事故の損害賠償で用いられる法律は、自動車損害賠償保障法（以下、自賠法と略）三条と民法七〇九条です。

しかし、自賠責保険から支払われるのは人身事故の場合だけで、物損事故の場合には自賠法の適用はなく、民法の不法行為により損害賠償を請求するしかありません。自賠法については三二頁で詳しく述べましたが、この法律は被害者救済のために作られた法律で、人身事故の被害者が損害賠償請求をしやすいような構成になっているのです。

これに対して、物損事故の場合は、民法七〇九条の不法行為責任に基づいて損害賠償を請求するわけですが、この条文は自動車事故に限らず、医療事故、学校事故、食品事故、公害など、あらゆる損害賠償問題で使われる法律なのです。

■自賠法三条と民法七〇九条ではどこがどう違うか

自動車事故は、一般には、運転者の故意（わざと）または過失により発生します。すなわち、運転者が居眠り運転をしたり、前方不注意だったりしたために起こる場合が多いのです。こうした事故で被害者が損害賠償を請求する場合には、自賠法の場合、加害者が自ら無過失を立証しない限り、加害者に過失があるとされます。これに対して、民法の不法行為の場合は、被害者側で、自動車事故が加害者の違法な行為によって損害が生じたこと、さらに加害者に故意または過失があったことを証明しなければならないのです。

また、自賠責保険では、自動車の持主とか自動車を使用して事業を行っている人も、運行供用者として人身事故の損害賠償の責任を認めていますが、物損事故の場合は自賠法の適用がありませんので、民法七一五条による使用者の責任を追及して損害賠償の請求をすることになります。しかし、使用者が被雇用者の選任、およびその事業の監督について相当の注意をしていた場合、また相当の注意をしたが損害が生じたときには、損害賠償の責任を負うことはないとされています。

この違いは大きいのです。自賠法では、加害者の過失（たとえば、居眠り運転であったこと）を証明しなくても、損害賠償の請求はできますが、不法行為の場合は、これが証明できないと損害賠償の請求はできないのです。

発生する自動車事故の件数は、圧倒的に物損事故が多いわけですが、物損事故の損害賠償には、このような法律上の証明問題があるのです。

●物損事故と法律

●加害者の責任追及
←民法七〇九条（不法行為）

●使用者の責任追及
←民法七一五条（使用者責任）

1 事故の状況と損害を正確に把握する

物損事故と示談交渉❶

加害運転者の義務

物損事故が起きたときの加害者がしなければならない義務は、人身事故の場合と同じです。

① 現場における危険防止の措置
② 警察官への事故報告の義務
③ 保険会社への通知

中には、物損事故だからといって、警察官に事故発生の報告をしない人もいるようですが、人身事故が発生していないとしても、報告は必要です。

物損事故でも違反があれば、交通切符を切られますが、最近の処遇基準によれば、被害額が少ない場合、当事者間に示談が整い、被害の弁済をすすめた場合には処分はしないことになっています。なお、すでに述べたように物損事故には自賠責保険の適用はなく（着衣損傷などは別、次項参照）、任意保険の対物保険に加入していないかぎり、加害者は自分で損害の弁償をしなくてはなりませんので、被害の状況・被害者・被害額などをできるかぎり詳細に確認しておくようにしましょう。

また、対物の任意保険に加入している場合には、保険会社に事故報告を直ちにして、その報を受けずに修理したりした場合には、保険金の支払いが受けられないおそれがあります。

物損事故の示談の問題点

物損事故だけの場合、人身事故と違い、事故を起こした加害者、被害者双方があまり深刻にならない場合が多いようです。ケガがなくてよかったと安堵するあまり、警察への事故届をしないといった場合もあるでしょう。こうしたことが、以後に大きなトラブルとなることもあります。

実は、物損事故の場合、示談の交渉がこじれると厄介なことがあるのです。

まず、第一の問題点は、一般に被害額が少ないということです。これが問題となるのは、加害者側の損害賠償の提示額が低いと思っても、示談交渉がまとまらない場合、裁判にかける時間や費用を考えると、提示された示談額で解決するしかないという場合があるからです。

第二に、物損事故の場合、人身事故と違い任意保険に加入している場合が少ないということです。加害者が任意保険の対物保険に加入していない場合には、加害者自身が支払わなければならず、金策が必要ということになります。そこで、加害者にお金がないときは、工面してもらうまで待つということになり、最悪の場合は示談は成立しても、示談金が払われないというケースも考えられます。

ポイント　物損事故でも、危険防止の措置、警察への事故報告をする。

物損事故と示談交渉②

2 物損の保険について知っておこう

物損を塡補するのは任意保険

物損とは、物の滅失、毀損による損害をいうとされています。物損の場合に、自賠責保険が支払われないことはすでに述べたとおりです。ただし、義眼、義歯、義肢、コルセット、松葉杖、補聴器などは、身体に密着し、身体の機能の一部を代行しているということから、人身傷害の損害として自賠責保険が適用になり、自賠責保険から支払われます。また、通常使用する着衣、履物なども自賠責保険から支払われます。

しかし、前記の特別な場合を除いて、自賠責保険からは支払われず、物損が支払われるのは任意保険の対物保険に入っている場合です。

対物賠償保険

対物賠償保険とは、自分の所有ないし管理している自動車が、他人の車、家や塀、その他の財物などを滅失・毀損し加害者が被害者に損害賠償の責任を負ったときに、加害者に支払われる保険です。したがって、この対物賠償保険は、自分の車をぶつけて修理費などの支出があったとしても、その損害のために保険が支払われるということはありません。

なお、契約者（加害者）が酔っ払って運転していて、ぶつけた場合にも支払われます。

〔自家用自動車保険〕　自家用自動車保険には、対物賠償保険がセットされています。なお、自家用自動車保険は、対人（人身事故）、自損事故、無保険者傷害、搭乗者傷害の損害もカバーします。

〔自家用自動車総合保険〕　自家用自動車総合保険は、自家用自動車保険のバージョンアップ版ともいえるもので、自家用自動車保険が塡補するもの以外に車両保険（後述）が組み込まれています。なお、この保険は契約者のために示談の代行をする点に特徴があります。

〔車両保険〕　車両保険は、自分の自動車が交通事故、火災、盗難などによって破損または喪失したときなどに、その損害を契約者に支払ってくれる保険です。したがって、事故により、自分の車が破損した場合には、この保険から支払ってもらうことができます。なお、車両保険は酒酔い運転は免責になっていますので、この場合は支払ってもらうことはできません。

こうした対物賠償保険には、免責額の定めがある場合があります。たとえば、免責額五万円の定めがある場合、一〇万円の損害賠償をしなければならないとき、保険からは五万円の支払いしか受けることができませんので、免責額については自分が負担するということになります。また、二回目の事故から免責金額（自己負担額）が増額されることもあります。

なお、保険金の支払いを受けると、保険料の切換えの際に安くなるはずの保険料が高くなることもありますので、保険会社の担当者と話して、有利な選択をするとよいでしょう。

ポイント　まず、自分の入っている保険を調べ、相手の保険の内容も教えてもらう。

損害賠償額の算定①

3 車同士の事故の場合に損害賠償請求できる項目

修理が可能な場合の損害額は修理費と格落ち損

車に追突されて自分の車が破損したという場合で、相手が一方的に悪く、こちら側に落ち度がないという場合には、自分が受けた損害のすべてを加害者に請求できます。通常、双方に落ち度がある場合が多く、この場合には過失相殺の問題となります（第5章参照）。

車が修理が可能な場合は、修理費を請求できるのは当然です。修理費は修理工場の見積りで決まりますが、見積りについて加害者がクレームをつけてきたときは、別の業者に見積もらせ平均を取るとよいでしょう。

修理費が多額になり、事故直前のその車の価格（評価額）を超える場合には、損害額は評価額が限度となります。

なお、修理に出すと、車の評価額は下がります（これを格落ち損といいます）。この格落ち損も損害となります。事故前の価格から修理後の価格を差し引いた額が、格落ち損となりますが、判例では修理費の一〇～三〇％くらいを格落ち損としているものもあります。

修理が不可能な場合の損害額は事故直前の車の評価額

車が大破した場合には、買い替えるしかありません。この場合の損害賠償額は、通常、同じ

●物損事故の場合の損害賠償額の算定法

〔支払われる損害賠償金の内容〕

▶車対車の事故

・修理代＋評価損＋代車料（休車補償）＋その他〔破損した眼鏡代や衣料費など〕

①被害車が全損の場合は買替代金

②一部損傷の場合は修理代となる（新車でも全損は難しい）

〔過失相殺による減額〕

車同士の場合は、互いの過失割合により損害額の負担を算定する（過失割合は第５章参照）

▶店舗などを壊したとき

・修理費＋営業補償

〔自賠責保険〕

＊物損には適用されない（ただし、義肢・義眼・歯科補てつなど医師が身体の機能を補完するために必要と認めたものについては認められる）。

種類の同じ程度に古くなった自動車市場における売買価格です。原則論はそのとおりですが、実際には、走行キロ数、使用状況、手入れの具合などによって千差万別です。この問題については、次項で詳しく述べます。

修理期間中の代車使用料も請求できる

車の修理期間中、車を使用できなくなったため、他から車を賃借りした場合には、その代車使用料は損害の対象となります。料金はレンタカー料金を基準に決めますが、判例では一日当たり金二万円を一〇日間認めたものがあります（東京地裁・昭和六三年一一月二二日判決）。

被害車両がタクシーやトラックなどの営業車両の場合には、休車補償が請求できます。これは、その会社または業種の平均収入から一日当たりいくらの損害があったかを算出します。

ポイント　全損か修理相当かで異なる。

4 修理が不可能な程度に破損したときの損害賠償

損害賠償額の算定❷

事故直前の中古車の価格しか請求できない

車同士の事故の場合には、過失相殺が問題となる場合がほとんどですが、過失相殺の問題は次項で解説することにして、ここでは車の損害に絞って考えてみます。

中古車が大破され、使いものにならなくなった場合、その損害は中古車の価格によるのか、あるいは新車を調達するための新車価格によるのかが、問題となります。

新車価格だとすると、被害者は一銭の出費をすることなく中古車を新車に買い替えできることになり、被害者が不当に利益を得ることになります。車の場合には、全く同じ物は無理としても、同種、同程度の中古車を買うことは簡単にできます。これらのことを考慮して、中古車が大破した場合には、中古車の価格しか請求できないとするのが実務上の扱いです。

中古車の評価ではいくつかの算定方法がある

車の中古車の時価は、同じ種類の同じ程度に古くなった自動車市場における売買価格です。しかし、全く同じものがあるわけではなく、走行キロ数、使用状況、手入れの有無、いたみ具合などによっても変わってきます。

そこで、現在用いられている方法は、公正な自動車鑑定人に依頼して、事故車の状況を綿密に調べてもらい、オートガイド社の自動車価格月報や、各ディーラーの中古車下取りの相場表などの資料を利用して、評価額を出してもらうやり方です。また、判例では自動車査定協会のレッドブックによる中古車市場価額から求めるのが合理的としたものもあります。

他の方法としては、会計法上の原価償却方法（定率法と定額法がある）により減価償却した価格により算出する方法です。

しかし、最高裁昭和四九年四月一五日の判例によれば、「中古車の評価については、（中略）企業会計上の減価償却の方法である定率法又は定額法によって定めることは、加害者及び被害者が、これによることに異議がないなど特段の事情がないかぎり許されない」として、中古市場で取得できる価格によって定めるべきであるとしています。

ポイント　修理不能あるいは修理費が時価を上回る場合、同種・同程度の中古車の価格をもとに算定。

★眼鏡や洋服等の着衣は自賠法により請求できる

自動車事故によって物の損害を受けたときは、民法の不法行為の規定によって損害賠償を請求しなければなりません。自賠法による請求は証明が簡単ですが、人身事故に限られます。この人身事故と物損事故の境界線上の問題が、身体に密着し、身体の機能の一部を果たしているもの、または身体の機能の代行をしているものの損害です。具体的に示しますと、義肢、歯科補てつ、義眼、眼鏡（コンタクトレンズ含む、五万円限度）、補聴器、松葉杖、などの費用は、自賠責保険（強制保険）から出ます。また、修繕、再調達でも請求できます。

これに対して、洋服、首飾りなどは、自賠責保険の対象外とされていますが、背広（東京地裁・昭和四四年三月一四日）、女性のスーツ（大阪地裁・昭和四四年五月三〇日）については、自賠責保険金の請求を認めた判例もあります。

5 車同士の事故でお互いに過失があった場合は過失相殺される

損害賠償額の算定❸

損害賠償額はそれぞれの過失に応じて決まる

過失相殺については、前項で若干ふれましたが、ここでは詳しく説明します。過失相殺とは、事故の発生につき、加害者にも被害者にも過失があれば、その割合に応じて損害賠償額を減額するということです（民法七二二条）。

自動車事故は追突のような場合を除けば、加害者の一方的な過失により起こるケースはまれで、お互いの過失により起こるものです。被害者にも過失があったのに、加害者ばかりに損害負担させるのは、公平ではありません。そこから過失相殺が考えだされたのです。

自動車事故を解決する過程でもめるのが、収入の証明と、ここで説明する過失相殺です。特に物損事故では、過失相殺の方法は特異な計算方法によりますので、意外に思われる人が多いようです。

それぞれの損害額を過失割合に応じて分担する

被害者の傷害による損害が一〇〇万円で、被害者の過失が五〇％の場合には請求できる金額は五〇万円というのが過失相殺の出し方です。

ところが、物損事故ではこのように単純にはいきません。まず、双方の損害額を合計します。

◆物損の場合の過失と双方の負担額

●A車の損害（A所有）について

A車の修理費×Aの過失割合……Aの負担額(a)

A車の修理費×Bの過失割合……Bの負担額(b)

●B車の損害（B所有）について

B車の修理費×Aの過失割合……Aの負担額(c)

B車の修理費×Bの過失割合……Bの負担額(d)

▶Aの合計負担額……………………………(a)+(c)

▶Bの合計負担額……………………………(b)+(d)

たとえば、Aの車とBの車が衝突したとします。Aの車の修理費が四〇万円、Bの車の修理費が一二〇万円かかり、過失割合が五〇％ずつですと、A・Bともに八〇万円ずつ負担することになります。つまり、Aは自車の修理費二〇万円を負担したうえに、さらに相手の修理費用六〇万円を負担することになるのです。

また、Aの過失が三〇％、Bの過失が七〇％だったとします。前に述べた計算をしますと、Aの負担額は(四〇＋一二〇)×〇・三で四八万円となります。相手の方が過失が重いのに、結果として自分の修理費を全額負担し、相手に八万円も払わなければならないことになるのです。

こう説明しても納得いかない方も多いようですが、計算の仕方はこのようになっているので仕方がありません。

ポイント　過失が少なくて支払う場合もある。

損害賠償額の算定④

6 店舗に突入して物を壊した場合の損害賠償

修理が可能ならば修理費用、不可能ならば時価相当額

まず、店を壊したことによる損害から考えてみましょう。

店に限らず、塀を壊した、玄関を壊した場合など、加害者は原則として原状に回復しなければならない義務があります。具体的には、修理が可能な場合には、その修理費用が損害賠償額となります。

破損の程度がはなはだしく、修理しても元に戻すことができない場合、あるいは完全に壊れてしまった場合には、その物の時価相当額が損害賠償額となります。

時価の算出は、その品物の購入価格、同種の新品の価格、使用年数、物自身の現状などを参考にして決めることになります。

修理期間中の営業利益も損害賠償の対象となる

店の修理を行っている期間中、店を休業したり、あるいは店を縮小したために、本来あった営業利益が上がらなかったという場合には、営業利益の補償もしなければなりません。

また、営業は再開したものの、利益が前に比べて落ちたという場合には、その差額も賠償の対象となります。

問題は、営業補償の損害額は被害者が証明しなければならないことです。この証明ができなければ、損害がなかったことになり、被害者は損害賠償を取れないことになります。

なお、車の飛び込みにより家屋が破損された場合、物的損害の他に慰謝料の請求を認めている判例もあります。

深夜、家族が就寝中に自動車に飛び込まれたケースで、慰謝料として八万円を認めた判決（東京地裁八王子支部・昭和四七年六月二〇日）や、建物の表玄関部分を損壊され、賠償交渉が難航し、年末年始を含む一か月以上にわたり表玄関にベニヤ板を打ちつけた状態で過ごすなど、家業上、生活上の不便を被ったとして慰謝料二〇万円を認めた判決（大阪地・平成一五年七月三〇日）などです。

ポイント　修理可能な場合は修理費、不可能な場合は時価相当額が損害賠償額となる。

★ペットが死亡した場合も損害賠償の請求ができる

犬や猫等のペットを、家族の一員同様に可愛がって育てている人は多いようです。それらの人にとっては、これは物損事故だといわれると、意外な感じを持たれるかもしれませんが、法律上は犬や猫などの動物は「物」なのです。

自動車事故によって、ペットである犬や猫が死亡させられれば、当然、損害賠償請求ができます。では、損害額はいくらかということですが、ペットショップなどの値段で売買されている価格を参考にして決めることになります。

長い間、家族同然に飼ってきた犬の葬儀費用二万七〇〇〇円、慰謝料として五万円を認めた例があります（東京高裁・平成一六年二月二六日判決）。

7 物損事故に関する判例

損害賠償額の算定⑤

全損（買換相当）・時価の判断　修理不能かまたは車体の本質的構造部分に重大な損傷を生じ、その買換えが社会通念上相当と認められるときは、事故当時の価格と売却代金の差額を請求できます。また、中古車の時価は、原則としてそれと同一の車種、年代、型、同程度の使用状態、走行距離などの自動車を中古市場で取得し得る価格による（最高裁判決・昭和四九年四月一五日）とされています。

修理の費用の判断　新車購入後約二年のキャデラックの損傷で、全塗装は認めず、部分塗装の費用だけを認めたもの（東京地裁判決・平成七年二月一四日）、ベンツの金メッキをしたバンパーの損傷で、第一審地裁はバンパーに金メッキをするための費用は交通事故から通常発生する損害とはいえないとしたが、高裁は金メッキ費用を相当因果関係のある損害と認めたうえで、五割の過失相殺をしたもの（東京高裁判決・平成二年八月二七日）などがあります。

評価落（格落ち）の判断　修理をしてもなお車としての機能や外観を完全に回復せず、事故前と比較して価値の減少があるとして、修理費の一定割合（二〇％～三〇％）を損害と認定したものが多くあります。また、車種、年数、損傷の程度、修理費などを考慮して裁判所が認定したものもあり、一方、外観や機能を回復し、機能や耐久性に障害がないとして評価損を否定したものもあります。

代車使用料の判断

全損事故での一四五日分の代車使用料の請求に対して、現実に代替車両を購入するまでの期間（一か月）のみ認めたもの（横浜地裁判決・平成六年四月一六日）、ベンツの損傷で、修理につき部品の入荷のため修理期間として三九日間は止むを得ないとして、約六五万円の代車料を認めたもの（大阪地裁判決・平成七年六月三〇日）などがあります。

休車補償の判断

営業車が事故にあって買換え、あるいは修理のために一定期間休車を余儀なくされた場合には、右車両によって操業をしていれば得られたであろう営業主の利益を通常損害として認めています（最高裁判決・昭和三三年七月一七日）。

その他の損害の判断

自動車が居酒屋店舗兼居宅に突入した事故で、居酒屋の休業損害の他、家庭の平穏を害されたことによる慰謝料（三万円）を認めた（大阪地裁判決・平成四年四月一四日）もの、被害車両が全損状態になり新車を買うことを余儀なくされた場合、被害車両の購入価格の他に、諸費用の自動車取得税、自動車重量税、自動車車庫証明費用、自動車登録費用、自動車納車費用、相当の費用を認めたもの（東京地裁判決・平成元年一〇月二六日）、事故のため保険料の割引がなくなり、その損害を認めたもの（横浜地裁判決・昭和四八年七月一六日）と、認めなかったもの（名古屋地裁判決・平成九年一月二九日）とがあります。

このように物損事故でも、損害として認められるものは多くありますので検討してください。

ポイント　請求できる損害かどうかを判断するには、判例を調べる必要がある。

8 損害賠償額の実際の算定例

損害賠償額の算定⑥

物損事故と損害賠償

物損事故の損害額の算定は、修理代＋評価損＋代車料＋その他（破損した眼鏡代や衣料代）であることはすでに述べたとおりです。以下で具体的な物損事故を想定して考えてみましょう。

甲所有のA乗用車（事故時の評価額一八〇万円）と乙所有のB軽トラック（事故時の評価額八〇万円）が衝突し、双方が破損した。修理費はA車五〇万円、B車は全損で修理不可能であった。また、甲は事故により車が使用できないのでレンタカーを修理期間中の五日間借り、この費用が一〇万円であった。乙も同じく同型の中古の軽トラックを買うまでの五日間レンタカーを借りて、その費用が八万円であった。その他の損害はなかった。なお、双方に過失があり、甲の過失三〇％、乙の過失七〇％で合意した。

この場合の損害額の算定は次頁表のようになるので、参照してください。

なお、車を修理する場合には、必ず保険会社（任意保険）に連絡して、破損の状況や程度を確認してもらってください。これは、相手方の対物保険、自分の車両保険を利用する場合でも同様です。

ポイント 過失が双方にある場合には、計算が複雑になる。

◆物損の損害賠償額（車対車の事故）

甲の過失……30%　　　乙の過失……30%

〔甲の車の損害額〕
①修理費　50万円
②レンタカー代　10万円
合計　60万円…A

〔乙の車の損害額〕
①全損　80万円
②レンタカー代　8万円
合計　88万円…B

▶甲の負担額
A × 0.3 ＋ B × 0.3
＝ 44万4,000円

▶乙の負担額
A × 0.7 ＋ B × 0.7
＝ 103万6,000円

結局、乙は自分の損害を自分が負担したうえに、さらに甲に15万6,000円支払うことになる。

●物損事故と請求できる損害

①**車両破損の損害**　修理不能あるいは修理費が時価額を上回る全損の場合には、事故直前の交換価格をもとに賠償額を算定し、そうでない場合は修理費相当額をもとに損害算定する。「評価損（格落ち）」が生じた場合には、その分も請求できる。

②**代車使用料**　事故により車両の修理あるいは買替えが必要となり、それにより車両が使用不能の期間に代替車両を使用する必要があり、かつ現実に使用したときには、その使用料が相当性の範囲で認められる。

③**休車補償**　営業用車両については、車両の買替え、修理などのため使用できなかった場合、操業を継続していれば得られたであろう純益を請求することができる。ただし、期間の制限を受けることもある。

④**その他**　⑴レッカー代や保管料は、支出があれば損害として認められる。
⑵車が飛び込み家屋が壊されたなどの車両外の物損については、被害相当額の損害賠償の請求ができる。

⑶車両の全損に伴う諸経費については、買い替えのために必要な登録費用、車庫証明手数料、納車費用、配車費用のうち法定手数料および相当額のディーラー報酬部分ならびに同程度の中古車取得に要する自動車取得税、被害車の未経過期間の重量税は損害と認められるが、買い替えた車両の自賠責保険料、自動車重量税、および被害車の未経過の自動車税、自賠責保険料は損害とは認められない。

⑷物損に関する慰謝料は、原則として認められないが、ケースによっては認められる場合もある。〔例〕被害車が外車で入手困難で、取得後４か月後に事故にあい、その後七か月間使用できず、また、加害者は死亡し、本人も手をぶつけ湿布の治療を必要とし、原告車両に対する不快感を植えつけられた、などから慰謝料20万円が認められた等。

物損事故と示談書❶

9 物損事故で示談をする場合

物損だけと思っていても、後日、むちうち症の症状がでることもある

物損事故の場合の示談で注意しなければならないことは、実は車だけの損害と思っていたが、後日むちうち症などの障害が出てくることがあるということです。もちろん、この場合には、物損についての示談が終わっていたとしても、後日、むちうち症に関する損害賠償（九二頁参照）を請求できます。しかし、早めに医師の診断を受けていないと、後でトラブルのもととなります。少しでも事故で身体をぶつけたなどの場合、とにかく病院に行くようにしましょう。

また、物損の場合は自賠責保険の適用はないので、相手が対物保険に入っていない場合には、その人が直接損害を負担することになります。修理費が高いなどでトラブルとならないためにも、事前に修理会社の選定や見積りの検討などで双方が話し合いましょう。なお、相手が対物保険に入っていない場合は、自分が入っている車両保険から支払いを受けることができます。この場合、支払った保険会社が相手方に請求をするということになります。

なお、物損事故の示談書のサンプルを次頁にかかげましたが、これは損害保険会社が作成している書式です。これで十分と思われますので、これを参考に示談書を作成してください。

ポイント　示談書のサインと示談金の支払いは同時にするのがよい。

●物損事故の示談書（保険会社の書式例）

示　　談　　書

（物損専用）

事故発生日時		□年□□月□□日　前 後　□時□□分	
事故発生場所		東京都文京区春日2丁目交差点	
事故状況		上記日時、場所において、甲は脇見運転により、赤信号のため交差点手前で停車中の乙に気付かず、これに追突したもの。	
当事者		甲	乙
所有者又は使用者	住所	東京都中央区日本橋本町2－1	東京都文京区千石1－40
	氏名	山川製菓㈱代表取締役　山川太郎	乙野次郎
運転者	住所	東京都中野区本町2－1－1	同上
	氏名	小川　博	同上
登録番号		品川　56な1750	練馬　56す3100
損害額		①　150,000円	②　100,000円
過失割合		③　100％	④　0％
示談条件	負担額	甲は乙の損害の内　¥ 100,000 （②×③）を負担する。	乙は甲の損害の内　¥ （①×④）を負担する。
	決済方法その他	①甲は乙の車両修理費100,000円を負担し、甲の修理費150,000円は甲の負担とする。（以下余白）	

上記の通り示談が成立しましたので、本件に関しましては今後いかなる事情が発生いたしましても、双方とも一切異議請求の申し立てをしないことを誓約いたします。

□年□□月□□日

当事者（甲）
（所有者又は使用者）　住所　上記に同じ　山川製菓株式会社
氏名　代表取締役　山川太郎　㊞
（運転者）　住所　上記に同じ
氏名　小川　博　㊞

当事者（乙）
（所有者又は使用者）　住所　上記に同じ
氏名　乙野次郎　㊞
（運転者）　住所　上記に同じ
氏名　同上　㊞

（注）記名捺印欄の住所は上記に同じ場合は○印をつけ、異なる場合のみ訂正捺印して住所をご記入下さい。

●所有権留保付車の物損

自動車を購入する場合、割賦（ローン）により購入する人が多くいます。この場合には、販売会社は所有権を留保して購入者に引き渡します。しかし、自動車保険は購入者の名義です。

こうした所有権留保付の車が物損事故にあったとき、購入者（使用者）は、この車の賠償請求を自分はできないのではないかと考える人もいるでしょう。というのは、自動車登録証の所有欄には販売会社の名が記載されていて、自分の名は使用者欄にしか書かれていないからです。

しかし、所有者が販売会社であるとしても、使用者は所有者のために自動車を管理する義務があり、使用者は加害者に対して、修理代金の賠償を請求することができます。

●車検の費用と損害賠償請求

車検にかかった費用は、損害賠償として認められるのでしょうか？

判例によれば、事故の二か月前に車検を受けた車両が全損となったケースで、残存車検相当額を損害として認めています（東京地裁判決・平成二年一二月二一日）。

また、車検直後の全損事故では、車検整備に支出した費用に見合う使用ができなかったとして、損害と認めています（横浜地裁判決・平成六年四月一四日）。

車両の全損の場合については、車両の買換えに伴う諸経費が多くあるが、一五五頁でも説明したとおり、通常、必要な費用であればほとんどのものが認められています。

第5章

賠償金が減額される
過失相殺・損益相殺の知識マニュアル

♧損害賠償額の交渉で重要なものの一つに過失相殺があります。それは、過失割合に応じて損害額総額をお互いが負担することになるので、過失が多ければ賠償額は大幅に少なくなります。

●過失の割合により損害賠償額は減額される

■どうして被害者にも過失があると減額されるのか

交通事故は、加害者の過失が原因となって起こるケースが多いのですが、被害者にも過失があったというケースも少なくありません。たとえば、酒に酔った被害者が急に道路に飛び出してきたため、加害車両がこれを避けることができずに死亡させてしまった、というようなケースです。

このように加害者ばかりではなく、被害者にも過失があり、それが事故発生の原因となっているのに、事故による損害賠償責任を加害者だけに負わせるのは、公平の見地からいっても妥当ではありません。そこで、加害者の過失と被害者の過失の割合に応じて、交通事故では損害賠償責任を負担させることにしています。それが過失相殺です。

たとえば、交通事故による損害額が一〇〇万円の場合、その事故の発生について、加害者の過失が七割、被害者の過失が三割あったとすると、被害者が請求できる損害額は、一〇〇万円の七割の七〇万円ということになるのです。これが過失相殺による減額です。

■減額の対象となる過失とはどんな過失をいうのか

では、過失相殺の対象とされる「過失」というのは、交通事故を起こした加害者の過失（不法行為上の過失）と同じものでしょうか。

少し法律的な話になりますが、加害者の過失責任を問えるためには、加害者に十分注意していれば事故が避けることができ、事故を起こせば自分がどういう責任をとらされるかを理解できる能力（不法行為責任能力）が備わっていることが必要です。

それに対して、被害者の過失相殺の対象となる過失責任は、被害者に事物を弁識する能力（事理弁識能力）すなわち、物事に対して良いか悪いかを判断できる能力があればよいというのが、最高裁判所の判断です。

しかし、小学生になれば道路に飛び出せばどんな危険があるかを判断できますが、三～四歳の幼児には、このような能力もないのが普通です。この場合には、親や幼稚園の先生の監督責任が問題となります。そこで、幼児と親、または幼稚園の先生のような監督責任を負う人たちを被害者グループとして考え、親または先生の監督義務違反の過失を、「被害者側の過失」として過失相殺をしています。

また、過失相殺で問題となるものに、信頼の原則というのがあります。たとえば、青信号で交差点を走っていたのに、信号を無視してバイクが交差点に入ってきて、はねてしまった場合、相手が道路交通法を守るものとして信頼して運転していれば（信頼の原則）、過失責任を問われないというものです。

なお、過失相殺の考え方は人身事故も物損事故も同様です。

過失相殺の仕方①

1 保険会社は必ず過失相殺を主張してくる

強制保険では重過失があった場合だけ過失相殺がなされる

自動車保険には、車の所有者が必ず加入を義務づけられている強制保険（自賠責保険）と任意保険があることは、前にも述べたとおりです。過失相殺は、このいずれの保険の場合にも行われます。

ただ、強制保険は被害者保護の見地から設けられた保険であること、査定が原則として書面審査（現場調査などをしない）だけで処理されることから、過失相殺の適用については、被害者に重大な過失がある場合に限られています。

強制保険についての過失相殺は、死亡事故の場合には、被害者の過失の程度に応じて、二〇％、三〇％、五〇％の三段階の減額率に限定し、また傷害事故の場合には、二〇％の減額率だけとしています。

被害者が強制保険で重過失ありと認定されるのは、①信号無視の横断をしていた場合、②道路標識等で横断が禁止されている場所での横断していた場合、③泥酔等で道路上に寝ていた場合、④信号を無視し交差点に進入し衝突した場合、⑤センターラインを超えて衝突した場合等です。

任意保険では全部の損害について過失相殺をしてくる

これに対して任意保険では、重過失の場合は当然ですが、普通の過失（軽過失）の場合でも過失相殺をして、減額します。また、減額する率も強制保険のように決められておらず、日弁連交通事故相談センターが発行している「交通事故損害額算定基準（二〇訂版＝旧本）」などの過失割合認定基準表によって過失割合を出し、それに従って減額します。

任意保険による過失相殺の方法は、まず被害者の全部の損害（総損害）を算出し、この総損害に過失割合を掛けて減額します。そして、その額から強制保険で支払われた保険金額を控除して、残額部分が任意保険から支払われます。もちろん、残額がなければ保険会社は一銭も払ってくれません。

こう見てくると、強制保険では普通の過失の場合は過失相殺しないのに、任意保険では強制保険で支払われる部分についても過失相殺されることになり、いかにも不合理です。

しかし、現段階では、このように取り扱われていますので、制度の改正を望むしか方法はありません。

過失の割合率など、保険会社の提示してくるものに納得がいかなければ、弁護士などの専門家に相談してみることです。地方裁判所の判例ですが、過失相殺を強制保険の部分には適用しないとする判例もあります。

ポイント　任意保険では過失割合認定基準により過失相殺してくる。

2 過失相殺の仕方❷

過失相殺は何を基準にして決められるのか

事故の態様を明らかにするために刑事裁判記録が利用される

交通事故にあった被害者のところへ示談交渉に来るのは、ほとんどの場合、任意保険会社の代理人です。そして任意保険会社側では、追突事故のように被害者が一〇〇％無過失でないかぎり、必ずといってよいほど過失相殺の主張をしてきます。

被害者側で主張する過失割合と保険会社の主張してくる過失割合が大幅に異なり、歩み寄る余地がない場合には、裁判で決めてもらうしかありません。

では、裁判の場においては、過失相殺を、どのようにして、どの程度斟酌《しんしゃく》するかは、裁判官の自由裁量に任されており、また条文の規定も「被害者に過失があったときは、裁判所は、これを考慮して、損害賠償の額を定めることができる」（民法七二二条二項）となっており、被害者の過失を斟酌しないのも自由とされています。ですから、損害賠償請求の裁判で過失相殺を争う場合には、過失の割合を明確にするための証拠が大きな意味をもってきます。

一般に、損害賠償訴訟で過失割合をめぐる判断が争点になっている場合に、必ず利用されているのが、交通事故の刑事裁判の記録です。

裁判で使われる刑事裁判記録とは何か

交通事故が発生すると、警察官は事故現場に駆けつけ、当事者の立会いの下で（救急車で病院へ運ばれた場合は、後日、病院で）、事故現場の見取図、実況見分調書、警察官が事情を聞いて作成する警察官調書を作成し、内容の間違いないことの確認をとって、当事者に署名捺印（または拇印）をさせます。

さらに警察官の作成した調書について当事者に食い違いなどがあれば、検察官が調べを行い、検察官調書を作成します。加害者の刑事責任が略式手続きで終了する場合には、以上の書類が刑事裁判記録となります。

加害者が起訴され、通常の刑事裁判手続きで刑が確定する場合には、公判調書が作成され、これも刑事裁判記録となります。

交通事故の損害賠償請求は、事故直後に行われることはまずありません。相当、時間が経過した後に、示談交渉や損害賠償請求訴訟が行われるのが普通です。そのために、事故を目撃した証人がいたとしても、記憶が曖昧となってしまいます。

しかし、現場見取図や実況見分調書は、事故直後に作成されたものであり、これを見れば、事故発生時の状況や事故の態様、加害者の注意の程度などを判断することができます。

その上、これらの調書には、加害者自身も署名捺印しているので、証拠としての価値が高いのです。

ポイント　保険会社はこれらの事実を元に、過失割合認定基準表により過失相殺してくる。

3 過失相殺の割合を判断するための基準表

過失割合認定基準表が制定されてきた背景は

前述したように、交通事故の損害賠償訴訟において、過失相殺を斟酌するかどうか、あるいはどの程度斟酌するかは、裁判官の自由裁量に委ねられており、またどの程度斟酌したかを判決文で説明する必要もないとされています。

そのために、同じような態様の事故についても、裁判官によって大きな差が出ることが珍しいことではありませんでしたし、どの程度の過失相殺がなされるのか予測することも困難で、過失相殺が争点になると、証拠調べに必要以上に時間をかけなければなりませんでした。

このような不合理をなくすために、昭和四四年一月に、東京地裁の倉田・福永の両裁判官が過去の裁判例や道路交通法の規定する優先権の有無、事故予防の可能性などを検討して「自動車事故における過失割合の認定基準」(倉田試案)を公表し、全国各地の裁判所でも利用されました。

その後、倉田試案の欠陥(基本要素のみを考慮し、修正要素を軽く扱うなど)を補い、道路交通法の改正を取り入れた「民事交通訴訟における過失相殺の認定基準」(浜崎・佐々木・田中裁判官の共同執筆)が、昭和四九年四月に判例タイムズ誌上に発表されました。

基準表が発表されたからといって、この表を絶対的・硬直的に運用するのではなく、具体的な事案に応じて弾力的に運用されてきました。

現在使われている過失割合認定基準表は

ところがその後、過失相殺の基準について、裁判官からの公表は一切なくなってしまいました。

それに代わって、登場してきたのが、前記の認定基準表以降の文献や最近の判例等を分析・検討し発表された別冊判例タイムズ「民事交通訴訟における過失相殺等の認定基準」、㈶日弁連交通事故相談センター東京支部編の「損害賠償額算定基準」の過失相殺基準表と、㈶日弁連交通事故相談センター編「交通事故損害額算定基準」（二〇訂版＝旧本）の過失相殺基準表です。

本書では、後者の日弁連交通事故相談センターの過失相殺基準表をもとに解説しますが、この基準表の特長は、過失相殺について、事故の態様（たとえば、車対人の事故のように）ごとに分類（事故の状態が図示されている）し、被害者と加害者の過失割合が出されていて、見やすくなっています。したがって、初めて交通事故に出会った人でも、比較的簡単に過失割合の判断ができるものと思われます。

この「交通事故損害賠償額算定基準」は、現在は過失相殺の基準での掲載はありませんが、同東京支部編の「損害賠償額算定基準」は東京の弁護士会館で販売されています。

ポイント　事故の態様がわかれば自分で基準表によりおおまかな過失割合がわかる。

4 過失相殺の具体的な判断の仕方

過失相殺の基準表の仕組みは

現在、過失相殺については、東京地裁民事二七部（交通部）編の『民事訴訟における過失相殺率の認定基準』、日弁連交通事故相談センターの認定基準（二〇訂版＝旧本。それ以降は掲載がありません）、東京三弁護士会交通事故処理委員会の認定基準が公表されています。

どの基準表にも共通しているのは、過失相殺率（過失割合）を基本要素と修正要素とに分けて取り上げていることです。基本要素は道路交通法の優先権の有無によって判断されます。道路交通法に違反した者は、過失が大きいと判断されます。

それに次いで基本要素の基になるのは、「優者危険負担の原則」といわれるものです。車と人であれば車が優者ですから危険負担が大となります。同じ人でも、老人や幼児は小さくなります。この他にも、具体的な状況も大切な要素となります。スピード違反が大きければ過失も大きくなりますし、道路の幅員の大小もこれに影響してきますし、昼間か夜間かといった明暗も判断材量となります。

これらの組み合わせによって、過失相殺基準表は構成されています。

修正要素の言葉の意味は

基準表では、事故の態様ごとに事故の当事者の基本の過失相殺率が示してあります。しかし、実際の過失割合の判断は事故状況に応じた修正を加味して判断されます。修正要素には、加算要素と減算要素とがあります。

基準表では、特殊な使い方をしている用語がありますので簡単に説明しておきます。

・夜間　日没時から日出時までのことです。歩行者の通行が予想されない午前二時〜三時の事故では歩行者の過失は大きくなります。

・幹線道路　国道や一部の県道のように、車が高速で走行するのが通例で、歩車道の区別があり、幅員が一四メートル以上ある道路をいいます。

・幼児・児童　幼児とは六歳未満、児童とは六歳以上一三歳未満をいいます。

・老人　ほぼ六五歳以上の者をいいます。

・重過失　居眠り運転、酒酔い運転、無免許運転、二五キロメートル以上の速度違反など悪質な運転のことです。

・著しい過失　重過失よりやや程度の低い過失。脇見運転、酒気帯び運転、著しいハンドルまたはブレーキ操作の不適切などをいいます。

以下の頁では、主な事故について、日弁連交通事故相談センターの「交通事故損害額算定基準」二〇訂版（旧本）を参考に、その過失割合の計算の仕方を解説します。

ポイント　保険会社が示す過失割合は必ずチェックすること。

◆事故の形態別・過失割合表

■過失割合① 歩行者と車の事故（参考例）

☆歩行者対車の事故では、車が優者ですから、より多く危険負担を負います。しかし、歩行者も交通ルールを守らなければならないのは当然で、違反の場合には過失相殺の割合も当然大きくなります。

① 横断歩道上の車と歩行者の事故の過失割合

(1) 信号機のある横断歩道上の事故

・歩行者（青信号）…０％　　車（赤信号）…100％
・歩行者（黄信号）…10％　　車（赤信号）…90％
・歩行者（赤信号）…70％　　車（青信号）…30％
・歩行者（赤信号）…50％　　車（黄信号）…50％
・歩行者（赤信号）…20％　　車（赤信号）…80％

(2) 信号機のない横断歩道上の事故

横断歩道上を歩行者が横断開始しているときは車は一時停止。違反した場合は車に 100 ％の過失。

〔横断歩行者の過失割合〕

・通常の横断歩道上の横断…０％
・歩行者から容易に衝突を回避できるが、車からは歩行者の発見が困難な場合の横断…10％
・横断歩道の付近での横断…30％
・幹線道路または広狭差のある道路における広路での横断…20％

・幹線道路でない道路または広狭差のある道路における狭路での横断…10％

②　横断歩道外の歩行者の横断中の事故の過失割合

☆横断歩道から１～２メートル離れたところとか、横断歩道に車が停止していたために横断歩道外を横断していた場合は、横断歩道上の場合と同視します。

・横断歩道付近を横断中の事故の場合は、横断歩道を横断中の事故に比べ歩行者に不利な過失割合となります。
・横断歩道のないところ、あるいは横断歩道から大分離れたところでの横断の場合は、原則として歩行者に20～30％くらいの過失相殺がされます。
・信号機のない交差点での横断中の事故の場合は、場合によっては歩行者に10～20％の過失相殺がなされます。
・通常の道路上での横断…20％

③　対向ないし同方向進行歩行者の事故の過失割合

・歩行者用道路…0％
・歩道のある道路（歩道上の事故）…10％
・歩道のある道路（車道上の事故）…10％～30％
・路側帯のある道路（路側帯上の事故）…0％
・路側帯のある道路（車道上の事故）…10％～20％
・車道だけの道路（道路端の事故）…0％
・車道だけの道路（道路中央の事故）…10～20％
・路上横臥…20％（車からの発見が容易）
　30％（車からの発見が容易でない）
　50％（夜間）
・後退車…20％（歩行者が後退中の車の直後の通行）
　0％（直後以外の通行）

■過失割合② 車と車の事故（参考例）

☆車と車の事故は、交差点や追越しの場合などで多く起きますが、信号の有無や道路の規制、広狭で異なります。

① 信号機のある交差点での事故の過失割合

⑴ 直進車同士の事故

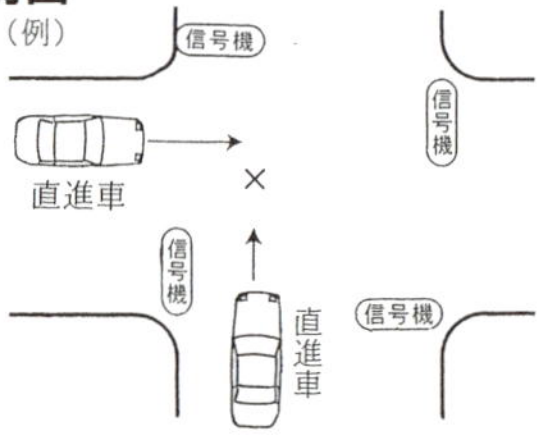

・青信号…０％　　赤信号…100％
・黄信号…20％　　赤信号…80％
・赤信号…50％　　赤信号…50％

⑵ 右折車と直進車の事故

〈右折車〉　　〈直進車〉
・青信号…80％　　青信号…20％
・黄信号…60％　　黄信号…40％
・赤信号…50％　　赤信号…50％
・青矢印…０％　　赤信号…100％

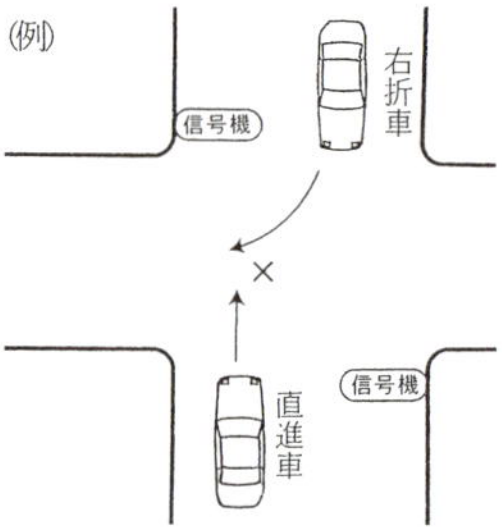

② 信号機のない交差点での事故の過失割合

⑴ 直進車同士の事故

・同幅員（減速すると20％程度修正）
　左方車（十字路左より直進）…40％　右方車（直進）…60％
・一方通行違反
　無違反者20％　　違反車…80％
・広路、狭路（減速すると20％程度修正）

広路車…30％　　狭路車…70％

・一方が優先道路

優先車…10％　　劣後車…90％

・一時停止規制（原則で20％程度修正）

一時停止違反車…80％　　同程度の速度車…20％

⑵　右折車と直進車の事故

・直進車…40％　　左方からの右折車…60％

・直進車…30％　　右方からの右折車…70％

⑶　左折車と直進車の事故

・直進車と左折車（同幅員の道路）

直進車…50％　　左折車…50％

・一方に一時停止標識あり

非規制直進車…20％　　一時停止規制左折車車…80％

・一方が明らかに広い道路

広路直進車…30％　　狭路左折車…70％

（直進車同士の過失割合に右左折車10％くらいの修正をした割合）

⑷　左折車と右折車の事故

・左折車…30％　　右折車…70％

⑸　右折車と追越車（後続直進車）

・交差点で追越し禁止のところ

右折車…10％　　追越車…90％

⑹　右左折車と後続直進車

・左に寄らない左折車…80％　　後続車…20％

・中央に寄らない右折車…80％　　後続車…20％

・左側、中央に寄れない場合

右左折車…60％　　後続車…40％

■過失割合③ 単車と車の事故（参考例）

① 信号機のある交差点での事故の過失割合

(1) 直進車同士の事故

単車（青信号）…0 %　　車（赤信号）…100%
単車（赤信号）…100%　　車（青信号）…0 %
単車（黄信号）…10%　　車（赤信号）…90%
単車（赤信号）…70%　　車（黄信号）…30%
双方とも赤進入　単車…40%　　車…60%

(2) 右折車と直進車

・単車直進、車右折
単車（青信号）…20%　　車（青信号）…80%
単車（黄信号）…60%　　車（青信号）…40%
単車（黄信号）…30%　　車（黄信号）…70%
単車（赤信号）…70%　　車（青信号）…30%
双方とも赤進入　単車…40%　　車…60%

・単車右折、車直進
単車（青信号）…60%　　車（青信号）…40%
単車（青信号）…20%　　車（黄信号）…80%
双方とも黄進入　単車…50%　　車…50%

② 信号機のない交差点での事故の過失割合

(1) 直進車同士の事故

・単車左方車、車右方車
両方減速せず　単車…30%　車…70%
両方が減速　単車…30%　車…70%
単車のみ減速　単車…10%　車…90%
車のみ減速　単車…50%　車…50%

(2) 単車直進、車右折の事故　単車…20%　車…80%

(3) 単車右折、車直進の事故　単車…60%　車…40%

■過失割合④ 車と自転車の事故（参考例）

① 信号機のある交差点での直進車同士の事故の過失割合

自転車（青信号）…0％	車（赤信号）…100％
自転車（赤信号）…80％	車（青信号）…20％
自転車（黄信号）…10％	車（赤信号）…90％
自転車（黄信号）…40％	車（青信号）…60％
自転車（赤信号）…60％	車（黄信号）…40％

② 信号機のない交差点での直進車同士の事故の過失割合

・幅員のほぼ同じ道路	自転車…20％	
・一方が広い道路	自転車が広路	自転車…10％
	車が広路	自転車…30％
・一方が優先道路	自転車が優先道路	自転車…10％
	車が優先道路	自転車…40％

■過失割合⑤ 高速道路上の事故（参考例）

☆高速道路では一般道路とは違った特性があるため規制が異なります。

・追突の場合は一般道では追突車の過失が100％ですが、高速道では被追突車に30％の過失を認めています。

・高速道路で意味のない急ブレーキをかけたため追突された場合、急ブレーキは重大な事故につながるおそれがあるため被追突車に50パーセントの過失を認めています。

・高速道路で荷物などを落下させるのは重大な事故発生のおそれがあるため、落下させた車には60％の過失を認めています。

・高速道路には歩行者がいないことが前提ですので、歩行者には80％の過失が考えられています。

損益相殺の仕方①

5 損益相殺で減額されるものがある

損益相殺というのはどんなことをいうのか

事故で負傷した場合、自賠責保険から支払いを受け、かつ加害者に損害賠償の請求をして損害額の全部を賠償してもらった場合、被害者は自賠責保険からの支払分は得することになります。こうしたことがないよう損害賠償額の算定に当たっては、自賠責からの支払分は損害賠償額から控除します。このような場合の控除を損益相殺といいます。

損益相殺について問題になったのは、幼児が死亡した場合の養育費の控除です。幼児が生きていれば、学費や小遣いなどがかかりますが、幼児が死亡すれば両親はその支出を免れます。これについては、最高裁判所が、幼児の逸失利益は幼児本人について生じたもので、養育費を免れるのは両親に生じたものであるから、損益相殺の対象にはならないと判決（昭和三九年六月二四日）しました。しかしその後も、これを疑問として訴訟が起こされたのですが、最高裁は幼児の逸失利益と養育費の利益とは性格が全く異なるもので、幼児の逸失利益の算定では、養育費を控除すべきではないと判決（昭和五三年一〇月二〇日）し、解決が図られました。

損益相殺の控除の対象となるもの、ならないもの

〔控除の対象になるもの〕①受領済の自賠責損害賠償額、政府保障事業による填補金、②給付が

確定した各種社会保険給付金（労災・健康保険・年金など）、③所得補償保険金。ただし、控除の制限があり、たとえば、自賠責保険からの給付は人身事故に対するものであるから物損から控除すべきではない、などの判例があります。

〔控除の対象とならないもの〕①加害者からの香典・見舞金（額が大きい場合、損害賠償債務の一部弁済とされる場合がある）、②生命保険金・搭乗者傷害保険金（搭乗者傷害保険金については、受領を考慮して慰謝料で斟酌した判例がある）、③その他　(1)生活保護の給付金、(2)労働者災害補償保険法二三条の労働福祉上の一環として支給される特別支給金など、(3)未給付の社会保険給付金（労災・年金など）、(4)雇用保険法による給付金、(5)養育費、(6)税金。

なお、損益相殺については、過失相殺前の額から控除すべきとする説と過失相殺後の額から控除すべきとの説があります。労災給付については、過失相殺後に控除するとした最高裁判決（平成元年四月一一日）があります。

ポイント　自分で理解できないときは法律相談所を利用。

●好意（無償）同乗

無償で車に載せてもらい事故にあう場合があります。こうした場合、好意同乗のみを理由として損害賠償額が減額されることはありません。ただし、好意同乗者が運行をある程度支配していたり、危険な運転を注意せずに容認していたり、あるいは危険な運転に関与（助長・誘発）していた場合には、賠償額が減額される場合があります。

事例としては、被害者は、加害者（運転者）が飲酒していることを知りながら同乗し、運転者が被害者との話に夢中になって前方不注意により駐車車両に追突して死亡したケースで、二〇％の減額をした東京地裁判決（平成七年二月二八日）などがあります。

こうした減額は、全損害に対して減額する場合と慰謝料の額で考慮（減額）する場合とがあります。

●事故後に医療ミスや自殺により死亡した場合の減額割合

過失の割合による減額とは別に、損害を発生させた原因の割合により、損害賠償額が減額される場合があります。

たとえば、交通事故にあい入院し、治療を受けており、手術が必要ということで手術を受けたところ、医師の手術ミスによって被害者が死亡したというような場合です。この場合には、誰に損害賠償を請求したらよいでしょうか。

このような問題は、死亡という結果に対して、誰がその原因となる結果を与えたかという因果関係の問題となります。この場合には、交通事故の加害者と手術を行った医者との共同不法行為ということになり、被害者は加害者と医師に連帯責任を追及できます。

ただ、医療事故をめぐる裁判は、立証（証拠や証人により証明すること）がむずかしく、裁判になっても長期化することは必至です。

一般には、損害の発生に対して、原因が複数ある場合には、各原因が結果に対してどの程度の寄与をしたかの割合により、損害を負担することになっています。

交通事故後の傷害等に悩んで自殺した場合については、後遺症が固定し、事故から三年半後に自殺したケースで、相当因果関係を認めています。ただ、被害者の心因的要因が八割として損害賠償額の八割を減額をしています（最高裁・平成五年九月九日判決）。

また、四四歳の追突を受けた男性が耳鳴り等の後遺症に悩んでうつ状態となり、約一〇か月後に自殺したケースでは、相当因果関係を認めましたが、八割の減額をしています（東京高裁・平成五年五月三一日判決）。

第6章

損害賠償の請求手続きと保険会社との交渉マニュアル

♧示談が成立しても、保険金から支払われる場合には損害保険会社に対して請求をしなければなりません。今日では、保険会社の交渉担当者が手続きの手助けをしてくれることが多くなっていますが、請求の概略は知っておきましょう。

1　示談による損害賠償金の請求の手続き

■損害賠償金の支払いはどう受けるか？

示談が成立したら、保険金等の請求をすることになります。これは、傷害事故の場合で損害額が一二〇万円以下（後遺障害がある場合には第一級の常時介護が必要な場合では四〇〇〇万円）、死亡事故では三〇〇〇万円以下の場合には、強制保険の請求をすることになります。

損害額が右の金額を超える場合には、加害者が任意保険に加入している場合には、その任意保険から支払われるということになります。なお、損害額が任意保険の塡補限度を超えている場合には、加害者本人（運行供用者の場合もある）が支払うことになります。

以上が示談後の金銭授受の流れですが、保険会社への請求は別として、加害者本人（他の運行供用者を含む）から直接支払ってもらう場合は、示談時の一括払いが望ましいでしょう。どうしても月割りの支払いにするときはその支払いを確保をする意味で、示談の内容を公正証書にする（五〇頁参照）などの方策を立てておく必要があります。

なお、加害車が強制保険に加入していない（無保険車）、あるいは轢き逃げ、泥棒運転で車の持主に責任を問えない場合には、政府保障事業に請求ができます。これはどこの損害保険会社、ＪＡ共済等の自賠責共済を扱う協同組合でも手続きができます（一九六頁参照）。

●加害者が強制保険・任意保険に加入している場合

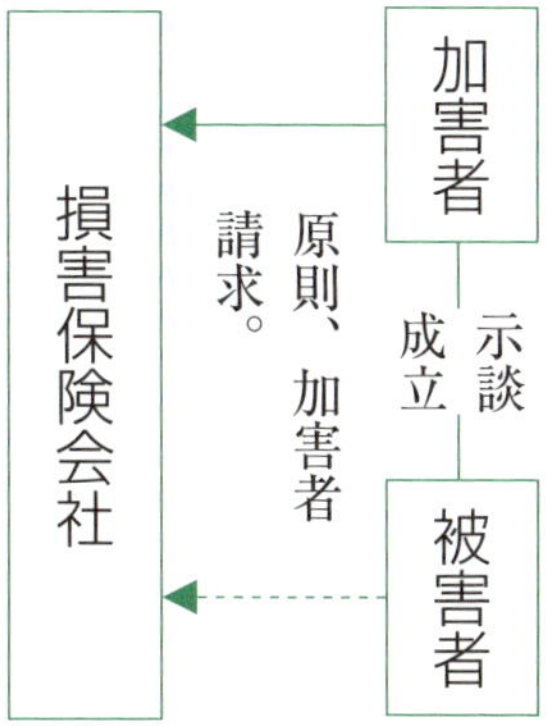

▽任意保険会社に一括請求ができる。

※強制保険からは、傷害事故の場合一二〇万円（後遺症があれば第一級四〇〇〇万円以下）、死亡事故の場合三〇〇〇万円まで。それ以上の賠償は任意保険から支払われる。任意保険の塡補限度額を超えた場合は、加害者負担となる。

●加害者が強制保険だけに加入している場合

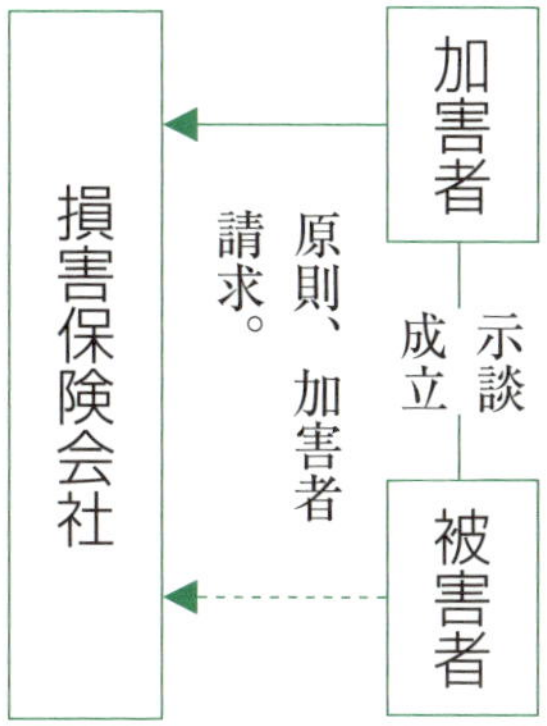

※強制保険からは、傷害事故の場合一二〇万円（後遺症があれば第一級四〇〇〇万円以下）、死亡事故の場合三〇〇〇万円まで。任意保険に加入していないので、この額を超えた場合には、加害者負担となる。

●加害者が保険に加入していない（無保険車）場合

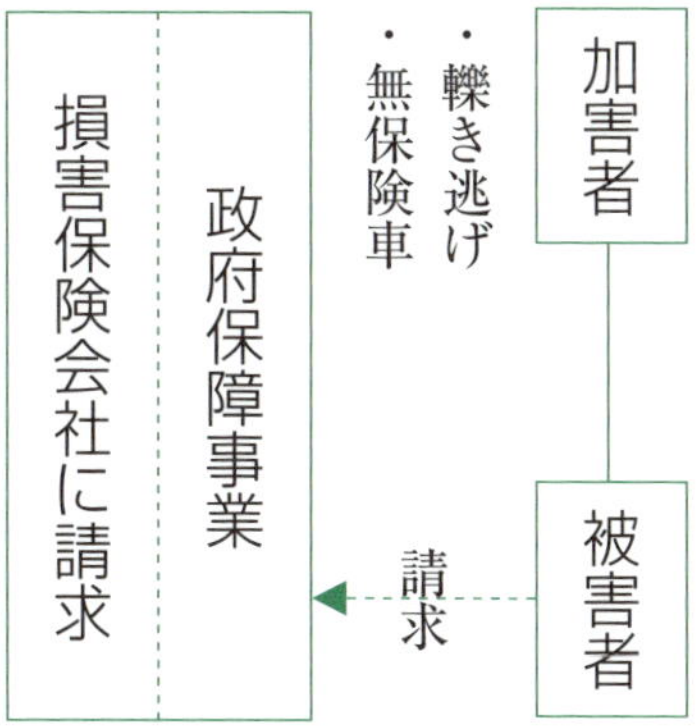

※保険金の請求はどの保険会社にしてもよい。給付金は、傷害事故の場合一二〇万円（後遺症があれば第一級四〇〇〇万円以下）、死亡事故の場合三〇〇〇万円までが支給される。支給内容は強制保険金とほぼ同様。

1 強制（自賠責）保険の請求手続き

保険の請求手続き❶

加害者からの請求と被害者からの請求

強制保険は、自動車の運行によって他人を死傷させた場合の人身事故について支払われる保険（共済）です。強制保険の請求は、加害者が賠償金を被害者に支払った後に請求する加害者請求と、被害者が直接保険会社に請求する被害者請求とがあります（一九四頁参照）。この請求は、示談が成立していることが原則ですが、損害額が強制保険で定められている保険金額を超えることが予想される場合には、被害者請求をすれば支払ってもらえます。

加害者が複数いる場合

一つの事故に加害者が複数の場合（共同不法行為という）の加害者請求は、ある加害者が損害賠償をしたときは、その加害者は自分以外の共同不法行為者が契約している損保会社に対し責任割合に応じて求償できます。被害者請求の場合、加害者が契約している損保会社に請求できます。ただし、損害額が一契約の支払限度額内の場合は、どこか一社に請求します。

なお、共同不法行為の場合、保険金の支払限度額は支払対象となる自賠責保険の契約数だけ倍加されます（加害自動車が二台ならば、傷害の最高限度額は一二〇万円の二倍の二四〇万円）。

ポイント　手続きでわからなければ、損害保険会社等に尋ねれば教えてくれる。

●必要書類一覧表

太字の用紙は保険会社に備え付けてある。

		必　要　書　類	備　　考
基礎資料	①	保険金 損害賠償額 第(　)回内払金 仮渡金 } **支払請求書**	ひき逃げ，無保険の場合 自動車損害賠償保障事業への損害のてん補請求書
	②	自動車安全運転センターの交通事故証明書	
	③	**事故発生状況報告書**	
	④	**診断書**	後遺障害は**後遺障害診断書**
		死亡診断書（死体検案書）	死亡の場合
	⑤	戸籍（除籍）謄本	死亡の場合のみ必要 本人と請求権者全員記載のもの
	⑥	**委任状**－印鑑証明書添付	
	⑦	戸籍抄本 または住民票	傷害事故で被害者が未成年者のときに親権者が請求する場合
	⑧	印鑑証明書	請求者のもの
	⑨	**示談金領収書**	加害者請求の場合のみ
損害額を証する書類	⑩	**診療費明細書・領収書　施術証明書**	
	⑪	**看護（付添）料領収書**	
		親族の付添証明書（付添看護自認書）	
	⑫	**休業損害証明書　確定申告書（控）など**	勤労所得者の場合
	⑬	**通院交通費明細書**	
	⑭	その他の領収証	
示談関係書類	⑮	**示談書**	加害者請求の場合
その他	⑯	雇傭証明書	加害者が雇主の車を運転した場合
	⑰	自動車検査証（写）	車台番号で保険契約したが事故証明に登録番号のみ記入の場合
	⑱	その他	**同意書** **時効中断申請書**

（注）以下の頁で主要書類を掲載しますが変更になることもあります。

自動車損害賠償責任保険 （①保険金（加害者請求）②損害賠償額（被害者請求）③仮渡金） 支払請求書兼支払指図書

○○損害保険株式会社 御中 （該当番号を○で囲んでください）

年　月　日

貴社に対し、下記事故にかかわる保険金（損害賠償額）を関係書類添付のうえ請求します。つきましては、下記支払指図のとおりお支払いください。なお、預金口座振込をもって受領したものとします。

また、本件事故に関して、貴社が自賠責保険の支払いをするために必要な範囲で、請求者（代理請求の場合は本人を含みます）の各種情報（被害者については、治療の内容・症状の程度を確認するための診断書・診療報酬明細書等の医療情報、および請求権者・相続人を確認するための戸籍関連情報を含みます）を取得・利用・提供することに同意します。

なお、○○損害保険は保健医療等の特別な非公開情報（センシティブ情報）について、保険業法施行規則により限定された目的以外の目的に利用しません。

ご請求者		
フリガナ	トウキョウトブンキョウクセンゴク	
現住所	〒112-0011 東京都文京区千石１－40	
フリガナ	コウ　ノ　タ　ロウ	
お名前	甲野太郎	印（印鑑証明書の印を押印し、印鑑証明書を添付してください。）
昼間のご連絡先（勤務先等）	携帯（　　） TEL 00(0000)0000	
被害者との関係	（本人）・親族（続柄　　）・受任者・加害者側・その他（　　）	

保険会社受付印	支払日（承認日）

自賠責保険証明書番号	第　　号	事故年月日	令和○年○月○日

保険契約者	
フリガナ	ニ　ホン　イチ　ロウ
氏名	日本一郎
連絡先	TEL 00(0000)0000

保有者（所有者・使用者）	
フリガナ	トウキョウトシンジュククシモオチアイ
住所	〒163-0033 東京都新宿区下落合１－１－２
フリガナ	ニ　ホン　イチ　ロウ　（税案内）
名前	日本一郎
連絡先	TEL 00(0000)0000
契約者との関係	（本人）・譲受人・借受人・その他（　　）

加害運転者					
フリガナ	ニ　ホン　イチ　ロウ				
氏名	日本一郎				
連絡先	TEL 00(0000)0000	性別	（男）・女	年令	45才
保有者との関係	（本人）・親族（続柄　　）・従業員・その他（　　）				

被害者					
フリガナ	コウ　ノ　タ　ロウ				
氏名	甲野太郎				
連絡先	TEL 00(0000)0000	性別	（男）・女	年令	50才
職業	（会社員）・自営業・パート/アルバイト・主婦/主夫※・無職・その他（　　） ※「主婦／主夫」と他の職業を兼業されている方は、他の職業と「主婦／主夫」の両方に○印をつけてください。				

請求額	

※（注）「職業」欄は必ずご記入ください。自賠責保険では、主婦／主夫が被害者となった場合、会社員で有給休暇を使用した場合にも休業損害を請求することができます。詳しくは「請求のご案内」をご覧ください。

支払指図（お支払い先）

被害者請求のお客さまで治療費を弊社から病院へ直接お支払いすることを希望される場合は、上段にお客様、下段に病院の口座をご記入ください。

金融機関	
名称	△△ （銀行10）・信託銀行20・信用金庫40・信用組合50・商工中金60・労働金庫70・農協80
店	○○○ （本店）・支店
ゆうちょ銀行	通帳記号 1　　0　通帳番号
預金種目	①普通・総合　②当座　④貯蓄
店番号	○○○
口座番号	○○○○○○○
口座名義（カタカナ）	コウノタロウ
受取人（請求者に同じ）	住所 フリガナ トウキョウトブンキョウクセンゴク 〒112-0011 東京都文京区千石１－40 TEL 00(0000)0000
お名前	フリガナ コウ　ノ　タ　ロウ 甲野太郎
（ご注意）	※ゆうちょ銀行への振込を指定される場合は、口座種類をご確認の上、以下の通りご記入ください。 ・送金機能付総合口座…振込用の「預金種目・店番号・口座番号」、または、「通帳記号・通帳番号」のいずれかにご記入ください。 ・上記以外の口座…必ず振込用の「預金種目・店番号・口座番号」をご記入ください。「通帳記号・通帳番号」への振込はご利用いただけませんのでご注意ください。

受案内	
9 8 7 6 5 4 3 2 1円	
支払内訳	傷害 円 後遺障害 円 死亡 円 減額理由

支払方法	1 振込・3 納付書	受渡部担		摘要	治療費・その他

金融機関	
名称	銀行10・信託銀行20・信用金庫40・信用組合50・商工中金60・労働金庫70・農協80
店	本店・支店
ゆうちょ銀行	通帳記号 1　　0　通帳番号
預金種目	1普通・総合　2当座　4貯蓄
店番号	
口座番号	
口座名義（カタカナ）	
受取人（請求者に同じ）	住所 フリガナ 〒 TEL（　　）
お名前	フリガナ

請求者DB
受案内
9 8 7 6 5 4 3 2 1円

※本書式は保険会社により、書式が異なる場合があります。

交　通　事　故　証　明　書

申請者　住所　○○○－○○○○
■■○県××市△△区××3丁目25番地の3
氏名　乙川　小次郎　殿

事故照会番号	△×○　署　第　6358　号	甲・(乙)　との続柄　(本人)・代理人		
発生日時	令和２年４月１日　午前７時０分ころ			
発生場所	○○県××市△□○5丁目××番地			

					備考
甲	住所	東京都○○区△△△6丁目××番△号 (TEL 03-××××-○○△○)			甲・乙以外の当事者の有無 (有)(別紙記載のとおり) 無
	フリガナ / 氏名	コウノ　タロウ / 甲野　太郎	生年月日	明 大 昭 (平)　△年　7月　2日　(○○歳)	
	車種	(自)事　普通乗用自動車	車両番号	○○300み××××	
	自賠責保険関係	(有)無　契約先 AAA火災海上	証明書番号	0065467080	
	事故時の状態	(運転)・同乗(運転者氏名　　)・歩行・その他			
乙	住所	■■○県××市△△区××3丁目25番地の3 (TEL 090-○□××-○×△○)			
	フリガナ / 氏名	オツカワ　コジロウ / 乙川　小次郎	生年月日	明 大 (昭) 平　□×年　12月　25日　(○×歳)	
	車種	(自)事　普通乗用自動車	車両番号	××335ち9910	
	自賠責保険関係	(有)無　契約先 SSS損害保険	証明書番号	GXT06214-0	
	事故時の状態	(運転)・同乗(運転者氏名　　)・歩行・その他			

事故類型	人対車両	車両相互						車両単独				踏切	不明（調査中）
		正面衝突	側面衝突	(出合い頭衝突)	接触	追突	その他	転倒	路外逸脱	衝突	その他		

上記の事項を確認したことを証明します。

なお、この証明は、損害の種別とその程度、事故の原因、過失の有無とその程度を明らかにするものではありません。

令和　　年　　月　　日
自動車安全運転センター
○○○事務所長印

証明番号		照合記録簿の種別	人身事故

事故発生状況報告書

別紙交通事故証明書に補足して下記のとおり報告いたします。

甲(甲車の運転者)	氏名	甲野太郎	乙(被害者)	氏名	乙野次郎	運転・同乗 { 甲車 / 甲車以外の車 歩行・その他
速度	甲車 60 km/h（制限速度 60 km/h），甲車以外の車 50 km/h（制限速度 60 km/h）					
道路状況	見通し 良い・(悪い)	道路幅	甲車側（ 8 m），甲車以外の車側（ 6 m）			
信号又は標識	信号 有り 無し　一時停止標識 有り 無し　その他標識					

事故発生状況を図示して下さい。

事故発生状況略図（道路幅をmで記入して下さい）

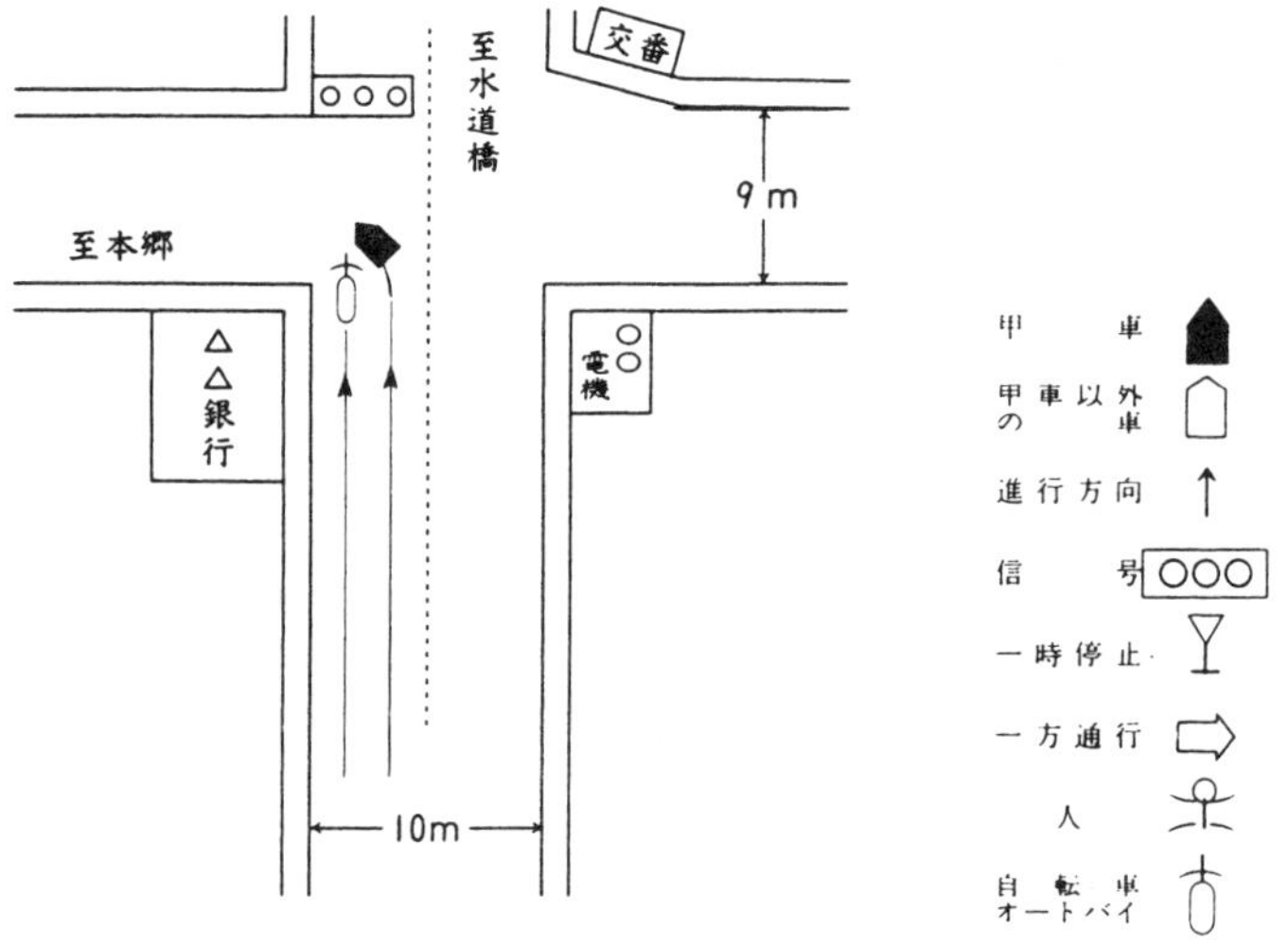

上記図の説明を書いて下さい。

甲は自家用小型乗用車を運転中，春日町一丁目交差点の約 30 m手前で「青信号」を確認したので，左折の合図をしながら時速約 30 ㎞に減速して，そのまま中央線に沿って進行した後左折する際，後方より道路左端を時速約 30 ㎞で進行してきた乙運転の原付自転車を発見，急停止したが間に合わず，自車左側中央部に原付自転車と衝突，転倒させ，乙が負傷した。

令和　　年　　月　　日

甲との関係（　本人　）
報告者　乙との関係（　本人　）　氏名　甲野太郎 ㊞
乙山次郎 ㊞

診　断　書

傷　病　者	住　所	東京都文京区千石1－40
	氏　名	甲　野　太　郎　（男）・女　明治・大正・（昭和）　□□年 □□月 □□日生（48才）

病名及び態様

頭部打撲，頸椎捻挫，

左上肢挫傷

（知覚鈍化）

後遺障害の有無について

（次の不要のものを抹消して下さい。なお、下記注を参照のこと）　　有り・無し・（未定）

入院治療　2　日間　を要す 自平成□□年□□月□□日　至平成□□年□□月□□日	令和□□年□□月□□日
通院治療　10　日間（内治療実日数　8　日）を要す 自平成□□年□□月□□日　至平成□□年□□月□□日	治療継続中 （治癒見込） 治癒

附添看護　を　要す・（要せず） 期間　自令和　年　月　日　至令和　年　月　日　日間	理由 完全看護

上記の通り診断致たします。

令和□□年 □□月 □□日

所在地　東京都文京区本郷2－1

名　称　文京整形外科

医師氏名　乙　野　次　郎　㊞

注　1．後遺障害のあるものについては、確認した時点において、別に定める後遺障害診断書（損害保険会社並びに調査事務所に備付けてあります。）をご作成願います。

2．この診断書は自動車損害賠償責任保険の処理上必要といたしますので、なるべくこの用紙をご使用下さい。なお、この用紙と同内容のものであれば貴院の用紙を使用してもさしつかえありません。

2 任意保険の請求手続き

保険の請求手続き❷

任意保険は加害車両が加入している保険会社に請求

強制保険では全額を賠償することが困難な場合に、これをカバーするのが、任意保険です。また、強制保険は人身事故のみに支払われ、物損事故は支払いの対象となっていませんので、任意保険の対物保険に加入してこれをカバーすることができます。

任意保険の請求は、強制保険の場合と同様に加害者請求と被害者請求の両方があります。加害者が請求できるのは、被害者に対して、現実に治療費等の賠償金を支払った後であること、また、任意保険から全額が支払われるのは、示談成立後が原則です。

なお、任意保険には、強制保険のような示談前の仮渡金の制度はありませんが、実際には治療費や休業損害などについて、実損害を予測しながら内払いをしているのが現実のようです。

任意保険の請求手続きには、保険金請求書、交通事故証明書等の書類が必要で、その内容は強制保険とほぼ同様です。所定の用紙は損保会社に備え付けてあります。

また、強制保険会社と任意保険会社が異なっている場合には、任意保険会社を通じて、一括して強制保険も請求することができます。

ポイント 保険金請求の時効は三年（従前は二年。五七頁参照）である。

●任意保険金の請求　提出書類一覧表

	請求に必要な書類	対人賠償		対物賠償		自損事故	無保険者傷害	搭乗者傷害	車両
		被保険者請求	被害者請求	被保険者請求	被害者請求				
1	※保険金または損害賠償額請求書	◎	◎	◎	◎	◎	◎	◎	◎
2	交通事故証明書	◎	◎	○	○	◎	◎	◎	○
3	※事故発生状況報告書	◎	◎	◎	◎	◎	◎	◎	◎
4	※示談書	◎	△	◎	△				△
5	示談金領収書	△		△					
6	※診断書・※診療費明細書・※後遺障害診断書・死亡診断書・死体検案書	◎	◎		◎	◎	◎		
7	交通費、看護料、諸雑費などの明細書および領収証	◎	◎				◎		
8	休業損害証明書	◎	◎				◎		
9	休業証明書					△		△	
10	除籍謄本（死亡の場合）	◎	◎			◎	◎	◎	
11	自賠責保険お支払不能のご通知					△			
12	賠償義務者に対して行った「損害賠償を請求する旨」の文書の写および賠償義務者からの回答書						◎		
13	※無保険自動車の確認書						◎		
14	修理費請求書または見積書			◎	◎				◎
15	車両仮修理、引揚、けん引・運搬費用の請求書、または見積書			◎	◎				◎
16	損害防止軽減費用明細書	△	△	△	△		△		△
17	事故車両の写真（登録番号の入ったもの）、その他の相手方被害物件の写真、事故現場写真			◎	◎				◎
18	保険証券	◎		◎		◎	◎	◎	◎

（注）　1. ◎印は必ず必要な書類です。2. ○印は原則として必要な書類です。3. △印は場合によって必要な書類です。4. 自動車相互間衝突危険「車両損害」担保特約付（相手自動車確認条件付）車両保険および車両保険の免責金額に関する特約付車両保険の保険金の請求にあたって、交通事故証明書を提出できないときは、示談書等とともに被保険自動車の損害箇所の写真および相手自動車の衝突・接触の箇所を示す写真等の提出が必要です。5. その他関係書類の提出が必要な場合があります。6. ※印の書類は保険会社に備えつけてある書類です。

3 保険金請求のトラブルと相談・解決機関

素人判断は危険！

保険会社も営利企業ですので、当然、強制保険をオーバーするなどの場合には損害賠償額を低く押さえようとします。したがって、加害者としては、十分勉強するなり、専門家に相談するなどにより、妥当な賠償額を知る必要があります。

とにかく、疑問に思うことは、どんどん聞いたり、専門家に相談するようにしましょう。とくに、収入の証明や過失割合など保険会社の提示と違うこととなりやすい問題があります。被害者としては、納得がいかなければ示談をしないことです。しかし、注意してもらいたいのは、損害保険の請求は三年で時効（加害者請求の場合には支払った日、被害者請求の場合には事故があった日、ただし死亡の場合は死亡日、後遺障害の場合は症状が固定した日）で時効にかかってしまいます。治療が長引いたり、話合いができない等で三年以内に請求ができないときには、時効の中断手続きが必要になります。また、保険から支払われない（免責）場合もありますので、どういう場合に支払われないかの確認も必要です。

損害賠償額などに不服な場合の相談・解決機関

①公益財団法人日弁連交通事故相談センター　全国に設置され、専門の弁護士が交通事故に関

する相談や示談の斡旋（一部の相談所のみ）を無料で行ってくれます（二一七頁以下参照）。

②公益財団法人交通事故紛争処理センター　嘱託弁護士が交通事故に関する相談や示談の斡旋・審査を無料でやってくれます（左下表参照）。

③自賠責保険・共済紛争処理機構　自賠責保険・共済の支払いに関する紛争処理（調停）を行います（本部☎〇三―五二九六―五〇三一、📞〇一二〇―一五九―七〇〇）。

④都道府県・市の法律相談所　都道府県およびその出先機関、主要都市の市役所ではサービスの一環で相談所が設置されています。

⑤そんぽADRセンター（損害保険協会）　同センターは険業法に基づく指定紛争機関で、締結した損害保険会社との紛争（交通事故など）等に関し、相談に応じ、和解案の提示等の支援が行われます。

▽ナビダイヤル０５７０―０２２８０８

話合いがつかない場合、民事調停の申立てや訴訟を提起することになります。

ポイント　素人判断でなく、一度は専門家に相談すること。

(公財)交通事故紛争処理センター所在地

- **交通事故紛争処理センター東京本部**　東京都新宿区西新宿2―3―1 新宿モノリスビル25階　TEL　03―3346―1756
- **札幌支部**　札幌市中央区北1条西10丁目　札幌弁護士会館4階　TEL　011―281―3241
- **仙台支部**　仙台市青葉区一番町4―6―1　仙台第一生命タワービルディング11階　TEL　022―263―7231
- **名古屋支部**　名古屋市中村区名駅南2―14―19　住友生命名古屋ビル24階　TEL　052―581―9491
- **大阪支部**　大阪市中央区北浜2―5―23　小寺プラザビル4階南側　TEL　06―6227―0277
- **広島支部**　広島市中区立町1―20　NREG広島立町ビル5階　TEL　082―249―5421
- **高松支部**　高松市丸の内2―22　香川県弁護士会館3階　TEL　087―822―5005
- **福岡支部**　福岡市中央区天神1―9―17　福岡天神フコク生命ビル10階　TEL　092―721―0881
- **さいたま相談室**　さいたま市大宮区下町1―8―1　大宮下町1丁目ビル7階　TEL　048―650―5271
- **金沢相談室**　金沢市本町2―11―7　金沢フコク生命駅前ビル12階　TEL　076―234―6650
- **静岡相談室**　静岡市葵区黒金町大樹生命静岡駅前ビル4階　TEL　054―255―5528

保険金請求の問題❶

4 保険金を被害者から直接請求する場合

自賠責保険金の被害者請求は

自賠責保険は、被害者救済のために制定された自動車損害賠償保障法（以下、自賠法と略）により設けられた自動車保険で、自動車を使用する者は加入を強制されています。違反者は、一年以下の懲役または五〇万円以下の罰金です。行政罰は、違反点数六点で免停です。

自賠責保険については、被害者が直接請求できることは、自賠法一六条により明言されています。自動車保険は、加害者が被害者に損害金を支払い、その分を保険会社が補填するのが本来の流れです。治療継続中のため、総損害額が確定しない場合であっても、すでに支払った費用が一〇万円を超えたときに、一〇万円単位で請求できる内払いの制度があります。これは加害者、被害者双方から請求できます。

加害者が損害の支払いに応じない場合には、被害者は救済を受けることができません。治療費や入院費用にも困っている場合に、示談成立前でも保険金の支払いに応じてくれるのが「仮渡金」の制度です。これは被害者請求のみで、死亡事故の場合には二九〇万円、傷害事故の場合には、傷害の程度によって、四〇万円、二〇万円、五万円の三段階があります。

なお、加害者請求の場合は被害者に賠償金を支払って三年以内、被害者請求の場合は原則として、事故が起こってから三年以内（ただし、死亡の場合は死亡日から、後遺障害の場合は後遺障害の症状固定日からそれぞれ三年以内）に保険会社に請求しないと時効となり、保険金（損害賠償額）が支払われませんので注意が必要です。詳しくは損害保険会社で確認してください。

任意保険金についても被害者請求ができるのか

任意保険の対人事故について被害者請求ができるのは、自家用自動車総合保険（ＳＡＰ）の加入者で、次の一つの要件をクリアーした場合です。

①　被害者と加害者（被保険者）との間で損害賠償について判決が確定した、または裁判上の和解あるいは調停が成立した場合
②　被害者と加害者との間で示談が成立し書面にされた場合
③　保険会社の支払いを受けた場合に、それ以上の請求をしないという趣旨の書面を出す場合
④　加害者（または相続人）が破産または行方不明のとき
⑤　損害賠償の額が保険金の限度額を超えることが明らかな場合

もちろん、支払われる保険金は支払限度額の範囲内です。

なお、自家用自動車総合保険に加入していれば、対物事故についても、被害者請求が認められます。対物事故についての要件は、対人事故の場合とほぼ同じですが、損害総額が保険金額を超える場合は認められません。

ポイント　被害者請求できるのは、原則として本人、死亡の場合は法定相続人。

5 保険金請求の問題❷

ひき逃げ事故や無保険車による事故の被害にあった場合

政府保障事業により救済を図っている

自賠法は被害者救済のために制定された法律です。

しかし、被害者が轢き逃げ事故にあい加害者が不明の場合や、加害車両が自賠責保険にも加入していない事故であった場合には、被害者は自賠責保険の保険金を受け取ることができず、救済を受けることができません。

そこで、これらの事故の被害にあった場合には、被害者の被った損害を政府が肩代わりすることにし、被害者の救済を図ることにしました。これが「政府保障事業」といわれる制度です(自賠法七一条〜八二条)。保障の程度や保険金の限度額は、自賠責保険と同一とされていますが、最高裁の判断によれば、この場合の被害者救済は、「他の手段によって救済されない場合の必要最少限度の救済を与えるもの」であるとしております。

また、加害者の自賠責保険から支払われるものではないため、実際の救済の内容は、自賠責保険よりも厳しいものとなっております。

自賠責保険と政府保障事業との違いは

政府保障事業が自賠責保険と比べて異なる点を、以下に述べておきます。

①　自賠責保険の請求に比べて、請求から支払いまでの日時が長期化しています。

②　自賠責保険では単に好意同乗や無償同乗だけでは、減額はしませんが、政府保障事業では無償同乗というだけで、慰謝料を三〇～四〇％減額します。

③　親族間の事故では、自賠責保険では保険金の支給を認めていますが、政府保障事業では認めていません。

④　治療費については、自由診療を認めず、すべて健康保険の点数に換算して支払われることになっています。

⑤　複数の車両による事故の場合には、自賠責保険ではそれぞれの車両の自賠責保険から保険金の支払いを受けることができますが、政府保障事業では一台の車両の分の保障に限られています。

⑥　自賠責保険では被害者に重大な過失があった場合のみ過失割合に応じて損害額から減額されますが、政府保障事業では過失があれば減額されます。

政府保障事業の請求手続きは、政府が損保会社に業務委託をしていますので、自賠責保険の請求手続きと同じです。もちろん、後日、加害者が判明した場合には、加害者に対して、被害者へ支払った金額を請求することになっています。

ポイント　実務上は、泥棒運転の場合には、自賠責保険の扱いとなっている。

保険金請求の問題❸

6 任意保険金が支払われない場合がある

偶然でない事故やすでに発生している事故については免責

自動車保険は偶然発生した事故の損害を補塡するものです。ですから、わざと起こした事故（故意による事故）による損害については保険金は支払われません。

また、保険契約のときにすでに発生していた事故も偶然発生した事故ではありませんので、同様に保険金は支払われません。これをアフターロスといい、保険契約が切れた直後に起こった事故などの場合に問題になります。

運転者家族限定特約や運転者年齢制限特約に違反すると免責

自動車保険料を安くするために、運転者家族限定特約や運転者年齢制限特約を結ぶケースが増えています。運転者家族限定特約は、①記名被保険者、②その家族、③①②の同居の親族、④①②の別居の子供、に事故の保険金支払いを限定していますので、これ以外の者が運転して事故を起こしても、保険金は支払われません。

運転者年齢制限特約は、二一歳、二六歳、三〇歳などの年齢を特約しています。この特約がある場合に、二〇歳の者が運転中に事故を起こしても、保険金の支払いは受けられません。この年齢は、戸籍の年齢によります。

事故を起こして六〇日以内に通知をしないと免責

保険契約約款では、保険契約者または被保険者は、事故を知ったとき、発生日時、場所、事故の状況、被害者の住所、氏名、証人がいるときはその者の住所、氏名を書面により保険会社に通知することを義務づけています。保険会社は通知を受けないまま六〇日を経過した場合（止むを得ない場合を除いて）には、保険金の支払いをしないとしています。

車の用途変更や買い替えた場合の変更通知をしないと免責

自家用車と営業車とでは、事故発生の危険率が違いますので、営業車の方が保険料も高くなっています。保険会社に通知せずに、自家用車を営業車として利用しているときに起こした事故については、保険会社は保険金を支払いません。また、車を買い替えた場合、前の車の保険を新しい車に適用する場合があります。この場合にも、保険会社に通知をし承認を得ておかないと、免責扱いとなります。

無免許運転や酒酔い運転の場合は

車両保険、運転者に対する搭乗者傷害保険、自損事故傷害保険などは、運転者が無免許の場合は免責となり保険金は支払われません。運転免許取消期間中、運転免許停止期間中の事故の場合も同様です。なお、酒酔い運転中の事故については、搭乗者には保険金は支払われますが、本人には保険金は支払われません。

ポイント　ハコ乗り運転や車のトランクルームに乗っていた場合には保険の適用はない。

2 Q&Aによる 交通事故の示談交渉でのトラブル

1・示談交渉の代理人は、弁護士以外でもできるのか

有料で示談の代理人となって交渉をすることは、弁護士以外は禁止されています。ただし、保険会社の示談担当者が代理人となって交渉することは認められています。また、有料の場合ですので、無償で代理人となって友人等に代わって交渉することは禁止されていません。

交通事故の示談交渉では、かつて示談屋が問題となったことがあります。これは、有料で相手と示談交渉するのですが、結果的には多額の費用を請求されるなど、絶対に利用してはいけません。㈶日弁連交通事故相談センター（無料）などの機関を活用してください。

2・損害賠償の示談交渉に、相手の保険加入会社の示談担当者が来るというが

今日の自動車保険（任意保険）は示談代行が特約として付いていますので、この場合、事故が起きたときには加害者の保険会社の担当者から連絡があり、この人と交渉することになります。こうした自動車保険加入会社が示談を代行することは法的にも認められています。したがって、保険会社の担当者との交渉を拒絶すれば、交渉は暗礁に乗り上げてしまいます。交渉相手

にこだわらず、現実的な対応をするのがよいでしょう。

この示談担当者は損害賠償についてのプロで専門知識がありますので、被害者としては、これに負けない知識を身につけておく必要があります（法律相談所で弁護士に相談するのもよい）。交渉で重要なことは、損害賠償額について一応自分で計算してみることです。こうしておいて、保険会社の示談担当者が提示する額と比較してください。

3・加害者が死亡したときは、被害者は誰と損害賠償の交渉をすればよいか

加害者が死亡することはめったにありませんが、ないわけではありません。例えば、左側を走行中の大型ダンプカーに居眠り運転の自動車がセンターラインを越えて突っ込み、大型ダンプカーの運転手（被害者）がケガをし、自動車の運転手（加害者）が死亡した場合などです。

この事故の場合、自動車保険（任意保険）に加入していれば保険会社（損害額が一二〇万円以下なら自賠責保険でまかなえる）に損害賠償の被害者請求をすることができますが、自動車保険に加入していない場合は少々厄介です。というのは、加害者の相続人を探して賠償請求の請求をする必要があるからです。それも相続人が複数の場合、相続分に応じて請求しなければならず、請求手続きは煩雑になります。

4・子どもが運転するバイクにはねられたが、親は関係ないと言って交渉に応じないが

加害車両（バイク）が示談代行付の自動車保険に加入していれば、保険会社の示談担当者が交渉に訪れますが、自動車保険に加入していなければ、加害者と直接、交渉することになります。

交通事故などの不法行為で損害賠償責任を負うのは、年齢が一二〜一三歳からとされており、バイクの免許が取得できる年齢では賠償責任があります。では、一二〜一三歳以上の少年の事故だと親が必ず責任を負うかというと必ずしもそうではなく、親の子に対する監督に過失がなければ親に賠償責任を負わせることはできません。ただし、子ども名義でバイクは購入しているが実際は親が金を出している、親元で生活しておりガソリン代を親が負担しているなどの場合には、親は運行供用者として賠償責任があります。

なお、通常、未成年者の親（親権者）が、子の法定代理人として交渉相手となります。どうしても示談交渉に応じなければ、調停や訴訟などの法的手段をとることになります。

5・事故により入院しているが、保険会社の担当者は来るが加害者は挨拶にも来ない

加害者が挨拶にも来ないことは、往々にして加害者が任意保険に加入している場合にあるようです。というのは、示談代行付の自動車保険の場合、保険会社が示談交渉を行ってくれますので、差し迫って出向く必要がないからです。

こうした場合、損害賠償額に影響するかどうかですが、それほど大きな影響はないようです。

ただし、刑事上は、加害者が心より謝罪し反省することにより、被害者がその心情をくんで、加害者に対する処分を寛大にして欲しい旨を捜査官や裁判所に求めると、刑が軽くなるなど、刑事処分については重大な影響があります。

したがって、加害者の刑事処分が決まっていなければ、加害者が挨拶にもこないことを強く訴え厳罰を求めるべきです。

6・加害者が刑事処分をされるということで、示談を急いでいると言うが

示談の有無は刑事処分に大きな影響があります。示談が成立していれば、誠意をもって事故解決の後始末をし、事故に対する反省があったことになり、刑事処分において刑の情状酌量がなされるからです。また、示談成立後に、被害者より処分を寛大にして欲しい旨の要望があれば、刑事処分の結果に重大な影響が出ます。

結論としては、加害者から示談を急ぎたいと言われても、納得がいかなければ示談する必要はありません。ただし、示談前に刑事処分が決まると、加害者が割と横柄になることがあります。それは、加害者が、それ以上の刑事処分を受けるおそれがなくなるからで、後の示談交渉は、保険会社に任せればいいと考えるからです。

7・事故の状況について相手との言い分が違うが、示談交渉ではどうすればよいか

事故が起きた現場での警察官の調書の作成の場合に、相手との言い分が食い違っている場合があります。例えば、交差点で青信号で進入したか、黄信号で進入したか、赤信号で進入したかなどをめぐり、事故当事者の異なる主張がなされることがあります。車の後方にいた目撃者がいれば、その人に証人となってもらい証言をしてもらえばよいのですが、こうした証人がいなければ、厄介なことになります。信号機についてのウソの場合、信号サイクルを調べても青だったのか、黄色だったのか、赤だったのか特定することは極めて困難だからです。

こうした事故での示談交渉は、過失割合をめぐって対立することは必定で、当事者での解決は困難な場合が多いでしょう。専門機関や弁護士に相談・依頼するのがよいでしょう。

8・過失はないと思っていたら、保険会社の担当者は二〇%を過失相殺すると言うが

交通事故の損害賠償で、その事故での全損害について事故当事者がその過失の割合について損害を負担することになります。つまり、双方の被害額の合計が一〇〇万円の場合、Aの過失が七〇%、Bの過失が三〇%とするとAが七〇万円、Bが三〇万円の負担となります。

さて、交通事故においてはこの過失相殺は、事故の態様に応じて定型化が進んでいます。過失割合認定基準表によれば、過失が〇%の場合はほとんどなく、交差点の事故で青信号に進入した車と赤進行で進入してきた車の事故などの場合だけです。保険会社の担当者は、十分その辺りの知識はあると思われますので、その根拠を聞いて、日弁連交通事故相談センターなどの

過失割合認定基準表で確認してください。

９・「自分だけではなく違法駐車の車が悪い」と加害者が主張するが

事故が起きる原因には、運転手の過失だけではなく、その他の要因が重なって起きる場合もあります。道路の瑕疵のために起きた交通事故、設問のケースのように駐車違反の車があったことで起きた事故など多々あり、こうした事故と原因と結果の関係を因果関係と言いますが、どこまで責任を問えるかが問題となります。

違法駐車があったために見えなかった児童をひいて死なせたケースで、駐車違反をした車の運転者に責任があるとして、損害賠償の支払いを命じた判決があります（四一頁下欄参照）。

10・過失割合は相手の側が大きいのに、相手車が高価ということで私が賠償額を払うのか

交通事故の損害賠償は、双方の過失割合に応じて全損害額をその割合で負担します。そのため、過失割合が少ないのに、結果的には相手に損害金を支払うという奇妙なことが起こります。たとえば、Ａ車とＢ車が事故を起こし、Ａの過失割合が三〇％でＢの過失割合七〇％で、Ａ車の修理費が二〇万円、Ｂ車は外車の高級車で修理費が八〇万円とします。そうすると全損害額は一〇〇万円で、これをＡとＢが過失割合に応じて負担することになるので、Ａの負担は三〇万円でＢの負担が七〇万円ということになります。しかし、現実には、Ａ車の修理（二〇万

円）とB車の修理（八〇万円）は、所有者であるAとBがそれぞれ行い費用も支払うことから、結局は過失割合の少ないAが過失割合の多いBに一〇万円を支払うことになるのです。

11・損害賠償額は被害者の収入によって差がでるそうだが、人の命は平等ではないのか

法律では、人は平等とされています。しかし、こと損害賠償額に関してはそうではないようです。たとえば、死亡事故の場合、損害賠償額の算定では、葬儀の費用、死亡慰謝料などは誰もが原則として同額ですが、逸失利益（生きていれば将来得られたであろう損害）は事故で死亡した人の収入により大きく異なります。単純に言えば、同年齢の二人が死亡した場合、一方の死亡者がもう一方の死亡者の倍の収入だとしたら、通常、逸失利益も倍になるのです。

損害賠償額の逸失利益の算定では、このようにその人の事故時の収入を基に生きていたらいくらの収入を得られたかという、いわばフィクションの収入を計算します。つまり、収入が低い人は、いくら社会的に立派な人だったとしても、高収入の人より逸失利益は低いのです。これは、損害賠償を金銭的に導き出すときに、その根拠となる確かなものが現実の収入しかないからです。ただし、これは損害賠償の逸失利益に対する現在の考え方であり、今日のように収入の増減が激しい状況が続けば、別の合理的が妥当な計算方法で算定されることになる可能性はないわけではありません。

12・男女間の損害賠償額の格差は、男女平等の原則に反するのではないか

交通事故の損害賠償額は、通常、男女間では異なります。女性の死亡事故の場合、男性と大きく異なるのは、逸失利益(生きていれば将来得られるであろう損害)です。有職者の場合は、その収入を基に計算されますので、その収入の多寡によりますが、家事従事者の場合には原則として賃金センサスの女性労働者の平均賃金が算定の基礎となり、この女性労働者の平均賃金は男性労働者の平均賃金よりも低いからです。ただし、女児の逸失利益については、全労働者の平均賃金によるべきとした判例があります(東京高裁・平成一三年八月二〇日)。

なお、家事労働者の逸失利益については、生活費控除などで、できるだけ格差を縮めようとする努力はなされていますが、後遺障害の逸失利益では生活費控除はなく効果は期待できません。こうした調整をするのであれば、思い切って全労働者の平均賃金に切り替えた方がよいのではと思われますが、現状は前記のとおりです。

13・加害者は保険金からの支払いだけでなく、本人にも自腹を切ってもらいたい

交通事故の損害賠償の示談では、原則としてどのような条件で示談するかは自由です。したがって、保険金以外に加害者自らが一定の金額を自腹を切って支払うとする示談をすることも可能です。実際、加害者が事故で起訴され、実刑判決になりそうときに、自腹を切ってでも早

く示談したい場合などのときに、こうした例があります。しかし、通常は保険金で損害賠償額が賄える場合に、加害者本人が自腹を切ることはあまり考えられません。というのは、こういう事故にそなえて保険に加入しているからです。

もし、保険会社の提示してきた額に不満があるならば、保険会社の示談交渉の担当者に上乗せを強く要求すべきです。保険会社としては、その上乗せ要求額が法律上妥当なもの（最終的には裁判所が判断）であれば、保険会社は支払わざるをえないのです。

14・示談交渉で、加害者が「自分にはそんな損害賠償をするお金がない」と言うが

交通事故の加害者が自動車保険に加入していれば別ですが、保険に加入していない場合、いくら高額でよい条件で示談したとしても、相手に支払能力がなければ、その示談の内容は「絵に描いた餅」と同じです。というのは、支払いがなければ、強引に腕力で取り立てるなどのことはできず、強制執行による手続きが必要だからです。また、強制執行で取立てをしようとしても、相手に差し押さえるお金や物がなければ、結局は強制執行は空振りとなり、回収どころが費用倒れとなります。

こうした場合の示談では、賠償額の支払いを月賦（ローン）にしたり、示談を公正証書にしたり、保証人を立ててもらうなどの対策が必要です。専門家に相談することです。

15・示談成立後に後遺症が出たときは、後遺症についての損害賠償を支払ってもらえるのか

示談が当事者（交通事故の被害者と加害者）の合意により成立すると、原則として、後で示談の内容を変更する（やり直す）ことはできません。通常、交通事故の示談書には「本示談書に記載した事項以外に、一切の債権債務がないことを確認する」などという条項が入っているからです。示談は和解という契約の一種とみなされ、こうした条項も有効とされています。

ただし、交通事故では、例外があります。それは、示談後に後遺症が出た場合で、この場合にはその後遺症に伴う損害賠償を請求することができます（判例）。なお、後で後遺症が出たとして損害賠償を請求するとなると、本当に事故による後遺症なのかなど、厄介な問題も生じ、訴訟ともなりかねません。事故にあったら必ず病院に行って検査をし、後遺障害が残るおそれがあれば、症状固定後に示談をするといった対応も必要です。

16・物損事故で、事故報告をせずに内々で示談するとどうなるのか

人身事故か物損事故かを問わず交通事故が起きた場合、当該車両等の運転者は最寄りの警察署に報告する義務（道路交通法七二条）があります。この規定に違反して報告しないと三月以下の懲役または五万円以下の罰金に処せられます（同一一九条）。しかし、現実には、なんらかの事情（警察に調べられたくない、面倒だ、スピード違反などの違反行為がばれるなど）

で物損事故が起きたことを隠すために、示談金を渡すなどして報告をしない例もあるようです。

こうした報告がない場合は、後で後遺症が出たなどの場合に困ったことになります。というのは保険会社に保険金の請求するには交通事故証明書が必要で、事故の報告がなされていないと、交通事故証明書の発行は難しくなります。

では、内々の示談の効力はどうかと言えば、これは有効ですが、後にむち打ち症などの後遺症が発覚した場合など、その損害賠償の交渉は難しいことになります。

17・夫の運転ミスで同乗の妻が重傷を負ったが、妻への損害賠償の支払義務があるのか

夫の運転ミスで同乗中の妻が負傷した場合、法律上は妻は「自賠法三条の他人にあたる」として、損害賠償の請求を認めています（判例）。「妻が夫に損害賠償を請求する」と言えば、夫婦ゲンカのようで、何だか穏やかでないなと思われる人もいるかもしれませんが、これは保険金の請求を前提とした話なのです。つまり、夫婦の側から見れば、妻に保険会社から損害賠償金の支払いがあるということなので、家族の収入となるということです。

なお、本例と同種の例として、好意で乗せた同乗者がケガを負った場合がありますが、この場合も好意同乗者は「自賠法上の他人」にあたり損害賠償の請求ができますが、通常は、損益相殺や慰謝料の算定において一定割合あるいは一定額を減額されます。

３

■取れるものはしっかり取る

損害賠償額についての保険会社との交渉のポイント

１・保険会社との損害賠償額の話し合いで心がけておきたいこと

損害賠償額の交渉は、かつては被害者と加害者とが直接交渉し、金額が決まると加害者が自分が加入している保険会社に請求するというのが一般的でしたが、今日では示談代行付の自動車保険への加入がほとんどで、交渉相手も保険会社の示談担当者となっています。

こうした場合、従来と大きく違うのは、被害者の損害賠償の請求は形だけとなり、実際は保険会社が賠償額を提示し、損害賠償に必要な各種の資料も用意してくれるということです。しかし、こうしたやり方は被害者にとっては便利な反面、保険会社の示談担当者という、いわばプロを相手にしなければなりませんので、損害賠償額を低く抑えられかねません。

交通事故の損害賠償額は、裁判所により定額化されていますが、これはあくまで訴訟になった場合の話であり、示談で損害賠償額をいくらかにするかは、被害者と加害者（代理人含む）の話し合いによる合意で決まるのです。損害賠償額がいくらであろうと示談が成立すれば、原則として後になって文句は言えないことをまず認識してください。

なお、相手車が無保険車、任意保険未加入者等の場合は、必ず法律相談を受けてください。

2・損害賠償額の仕組みを知り、実際に計算してみる

保険会社の示談担当者は、損害賠償額を実際に計算して持参します。つまり、示談金の提示ということです。これは、あくまで提示であり、その金額に納得しなければ示談する必要はありません。ただし、なんだか金額が少ないな、と思っても、その理由がはっきりしなければ相手に押し切られかねません。

こうした場合、示談金の提案が妥当かどうかを検討してみることです。本書では、損害賠償額について、㈶日弁連交通事故相談センターの基準を基に各種の損害の費目と賠償額について解説してありますので、保険会社の損害賠償額の提案とは別個に、計算してみることが大切です。通常、保険会社の損害賠償額の支払基準は、㈶日弁連交通事故相談センターの支払基準より低くなっています。計算ができたら、提示された賠償額と突き合わせて、どの損害の項目が少ないのかをしっかりと把握してください。そして、その部分について交渉することです。

交渉では、金額の少ない項目よりも、金額の大きな項目を重視することが大切です。たとえば、後に述べますが、過失相殺は、損害賠償額の全体に影響がありますので、過失割合が一〇パーセント違えば、賠償額の全体が原則として一〇パーセント違うことになります。

3・収入の認定が低いがどうすればよいか

交通事故の治療のために会社を休んだり、死亡や後遺症により逸失利益（将来得られたであろう利益の損失）では、被害者がいくら稼いでいたかなどの収入が問題となります。たまたま失業中という場合、収入はないので原則として休業損害はないのですか、死亡や後遺症の場合には、逸失利益の賠償請求が認められます。

また、逸失利益は幼児や主婦（休業損害）等にも認められますが、その計算の基となる収入額については、全年齢平均給与額としたり、男女別（年齢別）の平均給与額としたり、収入の認定基準はさまざまです。自分にどういう収入が認定されるか、調べてください。

なお、傷害事故の休業損害については六九頁の表中、後遺症が残った場合の逸失利益に関する収入額の考え方については八二頁、死亡事故の逸失利益の収入額の考え方についいは一一〇頁に解説があります。

ただし、これは概要ですので、具体的事故の損害賠償額の算定においては、サラリーマンなど収入が明確な人を除けば、収入額をどうするかについては、㈶日弁連交通事故相談センター（二一七頁参照）などで相談するのがよいでしょう。意外と低収入で算定されている場合があるからです。

４・後遺障害の等級の認定が低いと思うが…

傷害事故で後遺症が残った場合、その後遺障害の度合いに応じて一級から一四級までの認定が行われ、その等級に応じて労働力の喪失率（一級一〇〇パーセント〜一四級五パーセント）が決まっていて、その喪失率に応じて逸失利益の額が決まります。したがって、何級に該当するかにより、損害賠償額は大きく変わります。

後遺障害等級表（八四ページ以下）では各等級について後遺障害日の内容が記載されていますが、現実にはどの後遺障害に該当するかは微妙です。特に、むちうち症やＰＴＳＤ（心的外傷後ストレス障害）、脳外傷による高次脳機能障害などは外部からはわかりづらく、そのため後遺障害として認めてもらえなかったり、低い障害等級でしか認めない例もあるようです。

なお、後遺障害で将来も介護が必要な場合、介護費用は、職業付添人の場合は実費、近親者付き添いで常時介護を要する場合に一日につき八〇〇〇円〜九〇〇〇円が認められます（㈶日弁連交通事故相談センター基準）ので、必ずチェックして請求してください。

こうした問題で、保険会社の賠償額について不満があれば、㈶日弁連交通事故相談センターなどで専門家に相談してください。なお、後遺障害の等級の認定は調査事務所（損害保険料率算出機構〈ＪＡ共済は同共済が判断〉）が行いますが、書面による審査が中心で、不適切な判断が出される可能性もあります。障害等級の認定に不服な場合には、保険会社に異議申立の手続きをすることができます。最終的には、㈶自賠責保険・共済紛争処理機構に紛争処理手続きの申請をすることができますので、まずは相談してみるのもよいでしょう。

▼㈶自賠責保険・共済紛争処理機構（相談等 ☎ 〇一二〇―一五九―七〇〇）

5・過失の認定割合で賠償額は大きく変わる

通常の交通事故では、双方に過失があり、過失がない場合は非常に稀です。そして、当事者は自分の過失の割合に応じて自分および相手の損害額を負担することになるのですが、被害額が大きい場合には、実際に支払ってもらえる損害賠償額は大幅にダウンします（本文第5章参照）。

過失割合の認定基準は法定されたものはありませんが、㈶日弁連交通事故相談センターの「交通事故損害額算定基準」や東京三弁護士会交通事故処理委員会・㈶日弁連交通事故相談センター東京支部の「民事交通事故訴訟　損害賠償額算定基準」、東京地裁民事二七部（交通部）編の「別冊判例タイムズ　民事交通訴訟における過失相殺率の認定基準」があります。

過失割合については、前記の認定基準により、判断するしかないのですが、素人が判断するのは難しく、まして事故に対する認識（警察の実況見分調書はありますが）が当事者で食い違えばなおさらです。こうした場合も㈶日弁連交通事故相談センターなどで相談するのがよいでしょう。過失相殺に関する資料も多くありますし、何より、交通事故に精通した弁護士が相談にのってくれますので、公平な判断ができます。また、交通事故の相談、和解のあっせん、審査を行う㈶交通事故紛争処理センターもありますので、こうした機関に相談するとよいでしょう。

▼㈶交通事故紛争処理センター（東京本部）ＴＥＬ〇三ー三三四六ー一七五六

６・こんなに痛い思いをしたのに慰謝料が少ないと思うが

一般的には、慰謝料は精神的打撃についての償い、とされています。したがって、償いの代償をどれだけの金額にするかは、難しい問題です。交通事故の場合、この慰謝料についても、㈶日弁連交通事故相談センターなどの基準が公表されています（傷害の慰謝料＝本文七七頁の表、後遺障害の慰謝料＝本文八三頁の表中、死亡事故の慰謝料＝一一一頁の表中を参照）。

慰謝料については、任意保険会社の基準は公表されていませんが、前記の㈶日弁連交通事故相談センターの基準よりは低いようです。なお、傷害事故の慰謝料の基準は、入院・通院の期間に応じて慰謝料額が算定される仕組みですが、症状が重い場合には二割程度まで加算されますので、重症の場合にはその点を主張することも重要です。

交通事故の治療費等は実費で保険会社から病院に直接支払われることが多く、被害者に直接支払われるのは、傷害事故の場合は休業損害と慰謝料、後遺症が残った場合には逸失利益、将来介護が必要な場合の介護費用と慰謝料などです。また、死亡の場合には遺族に対して、葬祭費、逸失利益、慰謝料（遺族に対する慰謝料もある）が支払われます。これが被害が得られる金額ですのでしっかり交渉してください。

なお、将来、後遺症が出ることも考えられますので、そのときには加害者が治療費等の損害賠償をする旨の条項を示談書に入れておいてください（八一頁参照）。

日弁連交通事故相談センター相談所一覧①

◎印＝示談あっ旋・審査業務を行っている相談所

▷弁護士による無料法律相談（全国）0570-078325（月～金 10 時～16 時 30 分）

相談所名	所在地	電話番号
◎本部	千代田区霞が関 1-1-3　弁護士会館内 14 階　電話相談	03(3581)4724
◎札幌	札幌市中央区北 1 条西 10 丁目　札幌弁護士会館 2 階	011(251)7730
新札幌	札幌市厚別区厚別中央 2 条 5 丁目　サンピアザセンタービル 3 階	011(896)8373
小樽	小樽市稲穂 2-24-11　樽石ビル 7 階	0134(23)8373
苫小牧	苫小牧市若草町 3-2-7　大東若草ビル 3 階	0144(35)8373
室蘭	室蘭市中島町 1-24-11　中島中央ビル 4 階	0143(47)8373
函館	函館市上新川町 1-3　弁護士会内	0138(41)0232
旭川	旭川市花咲町 4　弁護士会内	0166(51)9527
釧路	釧路市柏木町 4-3　弁護士会内	0154(41)3444
帯広	帯広市東 8 条南 9-1　弁護士会帯広会館内	0155(66)4877
青森	青森市長島 1-3-1　日赤ビル 5 階 弁護士会内	017(777)7285
弘前	弘前市大字一番町 8 番地　ライオンズマンション弘前一番町 1 階	0172(33)7834
八戸	八戸市売市 2-11-13　弁護士会支部内	0178(22)8823
◎岩手	盛岡市大通 1-2-1　サンビル 2 階　弁護士会内	019(623)5005
◎仙台	仙台市青葉区一番町 2-9-18　弁護士会館内	022(223)2383
古川	大崎市古川駅南 3-15　泉ビル B101　古川法律相談センター内	0229(22)4611
石巻	石巻市穀町 12-18　駅前ビル 4 階　石巻法律相談センター内	0225(23)5451
秋田	秋田市山王 6-2-7　弁護士会館内	018(896)5599
◎山形	山形市七日町 2-7-10　NANA-BEANS 8 階 ※酒田・鶴岡相談所の電話連絡先は上記と同じ	023(635)3648
福島	福島市山下町 4-24　弁護士会館内	024(536)2710
郡山	郡山市堂前町 25-23　弁護士会支部内	024(922)1846
◎水戸	水戸市大町 2-2-75　弁護士会館内	029(221)3501
土浦	土浦市中央 1-13-3	029(875)3349
下妻	下妻市下妻乙 140-2　茨城県弁護士会下妻支部	0296(44)2661
◎栃木	宇都宮市明保野町 1-6　弁護士会館内	028(689)9001
◎前橋	前橋市大手町 3-6-6　弁護士会内 ※太田・高崎・伊勢崎相談所の電話連絡先は上記と同じ	027(234)9321
◎埼玉	さいたま市浦和区高砂 4-2-1　浦和高砂パークハウス 1 階	048(710)5666
越谷	越谷市東越谷 9-7-19　MAC ビル 2 階	048(962)1188
川越	川越市宮下町 2-1-2　福田ビル 1 階	049(225)4279
◎千葉	千葉市中央区中央 4-13-9　弁護士会内	043(227)8530
松戸	松戸市松戸 1281-29　住友生命松戸東洋ビル 4 階	047(366)6611
京葉	船橋市本町 2-1-34　船橋商工会議所 5 階	047(437)3634
◎東京	千代田区霞が関 1-1-3　弁護士会館 3 階　電話相談	03(3581)1782
新宿	新宿区歌舞伎町 2-44-1　東京都健康プラザハイジア 8 階	03(5312)5850
立川	立川市曙町 2-37-7　コアシティ立川 12 階　立川法律相談センター内	042(548)7790

八王子	042(620)7227	府中	042(366)1711	小平	042(346)9508
立川	042(528)4319	昭島	042(544)5122	日野	042(514)8094
武蔵野	0422(60)1921	調布	042(481)7032	東村山	042(393)5111
三鷹	0422(44)6600	町田	042(724)2102	国分寺	042(325)0111
青梅	0428(22)1111	小金井	042(387)9818	国立	042(576)2111

日弁連交通事故相談センター相談所一覧②

◎印＝示談あっ旋・審査業務を行っている相談所

相談所名	所在地	電話番号
西東京(田無)	042(460)9805　武蔵村山 042(565)1111　多摩 042(338)6806	
福生	042(551)1529　東大和 042(563)2111　稲城 042(378)2286	
狛江	03(3430)1111　清瀬 042(492)5111　あきる野 042(558)1216	
東久留米	042(470)7738　羽村 042(555)1111	
◎横浜	横浜市中区日本大通り9　弁護士会内	045(211)7700
相模原	相模原市中央区中央2－11－15　中央区役所内	042(769)8230
川崎	川崎市川崎区駅前本町3－1　NOF川崎東口ビル11階	044(223)1149
小田原	小田原市本町1－4－7　朝日生命小田原ビル2階	0465(24)0017
横須賀	横須賀市日の出町1－5　ヴェルクよこすか3階	046(822)9688
座間	座間市緑ヶ丘1－1－1市役所内	046(252)8146
◎山梨	甲府市中央1－8－7　弁護士会館内	055(235)7202
長野	長野市妻科432　弁護士会館内	026(232)2104
松本	松本市丸の内10－18　弁護士会館内	0263(35)8501
◎新潟	新潟市中央区学校町通一番町1　弁護士会館内	025(222)5533
	※三条・上越・村上・佐渡相談所の電話連絡先は上記と同じ	
◎長岡	長岡市三和3－123－10	0258(86)5533
◎富山	富山市長柄町3－4－1　弁護士会館内	076(421)4811
金沢	金沢市丸の内7－36　弁護士会内	076(221)0242
◎福井	福井市宝永4－3－1　サクラNビル7階　弁護士会内	0776(23)5255
◎岐阜	岐阜市端詰町22　弁護士会館内	058(265)0020
◎静岡	静岡市葵区追手町10－80　弁護士会内	054(252)0008
◎沼津	沼津市御幸町24－6　弁護士会支部内	055(931)1848
伊東	伊東市大原2－1－1　伊東市役所内	0557(52)3002
◎浜松	浜松市中区中央1－9－1　弁護士会支部内	053(455)3009
掛川	掛川市亀の甲1－228　あいおいニッセイ同和損保ビル3階	053(455)3009
菊川	菊川市堀之内61　菊川町役場安全課内	0537(35)0923
三島	三島市北田町4－47　三島市役所内	055(983)2651
下田	下田市東本郷1－5－18　下田市役所内	055(931)1848
◎名古屋	名古屋市中区三の丸1－43－2　弁護士会館内	052(565)6110
	名古屋市中村区名駅3－22－8　大東海ビル4階	052(565)6110
豊橋	豊橋市大国町83　弁護士会支部内	0532(56)4623
岡崎	岡崎市明大寺町字道城ヶ入34－10　弁護士会支部内	0564(54)9449
一宮	一宮市公園通4－17－1　弁護士会一宮支部内	0586(72)8199
半田	半田市出口町1－45－16　住吉ビル2階　弁護士会半田支部内	0569(23)8655
◎三重	津市中央3－23　弁護士会館内	059(228)2232
◎滋賀	大津市梅林1－3－3　弁護士会館内	077(522)2013
◎京都	京都市中京区富小路通丸太町下ル　弁護士会館内	075(231)2378
京都駅前	京都市下京区東塩小路町　山崎メディカルビル6階　京都駅前法律相談センター内	075(231)2378
大宮	京丹後市大宮町周枳1　大宮織物ホール　丹後法律相談センター内	0772(68)3080
◎大阪	大阪市北区西天満1－12－5　弁護士会館内	06(6364)8289
なんば	大阪市中央区難波4－4－1　ヒューリック難波ビル4階	06(6645)1273
門真	門真市中町1－1　市役所内	06(6902)5648
茨木	茨木市駅前3－8－13　市役所内	072(620)1603
岸和田	岸和田市宮本町27－1　泉州ビル2階	072(433)9391

日弁連交通事故相談センター相談所一覧③

◎印＝示談あっ旋・審査業務を行っている相談所

相談所名	所　在　地	電話番号
堺	堺市堺区南花田口町２－３－20　住友生命堺東ビル６階	072(223)2903
豊　中	豊中市中桜塚３－１－１　市役所内	06(6858)2034
◎神　戸	神戸市中央区橘通１－４－３　弁護士会館内	078(341)1717
阪　神	尼崎市七松町１－２－１　フェスタ立花東館５階501C号	06(4869)7613
明　石	明石市中崎１－５－１　市役所内	078(918)5002
姫　路	姫路市北条１－408－６　弁護士会館内	079(286)8222
◎奈　良	奈良市中筋町22－１　弁護士会館内	0742(26)3532
和歌山	和歌山市四番丁５　弁護士会館内	073(422)4580
鳥　取	鳥取市東町２－221　弁護士会館内	0857(22)3912
米　子	米子市加茂町２－７－２　弁護士会米子支部内	0859(23)5710
倉　吉	倉吉市葵町724－15　法律相談センター倉吉内	0858(24)0515
島　根	松江市母衣町55－４　松江商工会議所ビル７階弁護士会内	0852(21)3450
◎岡　山	岡山市北区南方１－８－29　弁護士会館内	086(234)5888
倉　敷	倉敷市幸町３－33　倉敷弁護士室内	086(422)0478
津　山	津山市椿高下52　津山弁護士室内	0868(22)0464
◎広　島	広島市中区基町６－27　広島そごう新館６階　紙屋町法律相談センター内	082(225)1600
東広島	東広島市西条西本町28－６　サンスクエア東広島２階	082(421)0021
呉	呉市中央２－１－29　弁護士会呉地区会内	0823(24)6755
尾　道	尾道市新浜１－12－４　弁護士会尾道地区会内	0848(22)4237
福　山	福山市三吉町１－６－１　弁護士会福山地区会内	084(973)5900
◎山　口	山口市黄金町２－15　弁護士会館内 ※下関・萩・宇部・岩国・周南相談所の電話連絡先は上記と同じ	0570(064)490
徳　島	徳島市新蔵町１－31　弁護士会館内	088(652)5768
◎高　松	高松市丸の内２－22　弁護士会館内	087(822)3693
◎愛　媛	松山市三番町４－８－８　弁護士会館内	089(941)6279
◎高　知	高知市越前町１－５－７　弁護士会館内	088(822)4867
◎福　岡	福岡市中央区渡辺通５－14－12　南天神ビル２階　天神弁護士センター内	092(741)3208
◎北九州	北九州市小倉北区金田１－４－２　北九州法律相談センター内	093(561)0360
魚　町	北九州市小倉区魚町１－４－21　魚町センタービル５階　魚町法律センター内	093(551)0026
折　尾	北九州市八幡西区折尾４－６－16　折尾YSビル２階	093(691)2166
久留米	久留米市篠山町11－５　久留米法律相談センター内	0942(30)0144
飯　塚	飯塚市新立岩６－16　弁護士ビル３階	0948(28)7555
二日市	筑紫野市二日市北１－３－８　スパシオドコモビル２階	092(918)8120
◎佐　賀	佐賀市中の小路７－19　弁護士会館内	0952(24)3411
長　崎	長崎市栄町１－25　長崎MSビル４階　弁護士会内	095(824)3903
佐世保	佐世保市島瀬町４－12　シティヒルズカズバ２階	0956(22)9404
◎熊　本	熊本市中央区水道橋１－23　加地ビル３階　熊本法律相談センター内	096(325)0009
八　代	八代市松江城町６－６　八代法律相談センター内	096(325)0009
大　分	大分市中島西１－３－14　弁護士会館内	097(536)1458
宮　崎	宮崎市旭１－８－45　弁護士会館内	0985(22)2466
◎鹿児島	鹿児島易居町２－３　弁護士会館内	099(226)3765
◎那　覇	那覇市松尾２－２－26－６　弁護士会館内	098(865)3737
ゴ　ザ	沖縄市知花６－６－５　法律相談センター沖縄支部内	098(865)3731

（令和２年２月現在）

の賠償のための対物保険、搭乗者傷害保険、車両保険などもあり、今日では、こうした補償をセットした自家用自動車総合保険が主流。……p 33

被害者請求 保険金を請求を被害者側から保険会社に直接請求する方法で、元来、強制保険だけであったが、今日では任意保険についても被害者請求ができる。ただし、最近では示談代行付自動車保険（任意保険）の普及により、保険会社の示談代行者が交渉に訪れることが多い。……p 194, 195

不法行為（責任） 故意又は過失によって他人の権利又は法律上保護される利益を侵害した者は、これによって生じた損害を賠償しなければならない（民法 709 条)。加害者に故意・過失があったことの立証責任は、通常、被害者側にあるが、自動車損害賠償保障法では運行供用者責任（⇒別項参照）の規定を設けて、事実上、加害者側に無過失責任を負わせている。……p 36

民事責任 事故を起こしたことについて、加害者が被害者に対して損害賠償をしなければならないという責任である。交通事故の民事上の責任には、①民法上の民事責任（不法行為責任）と②自動車損害賠償保障法上の運行供用者責任とがある。……p 36

◆問題となりやすい後遺症

むち打ち症 むち打ち症は正式名称ではなく、医学上は「外傷性頭部症候群」あるいは軽いものは「頸部捻挫」という診断名となります。衝突時に首が前後に鞭のようにしなることから、こう呼ばれています。**損害賠償**は、後遺障害等級 12 級あるいは 14 級に該当する場合が多く、慰謝料および一定期間の逸失利益が認められます。⇒ p93

PTSD PTSD の日本語名は「心的外傷ストレス障害」「外傷後ストレス障害」と言われ、強烈な外傷体験を何度も繰り返し思い出したり、その時の外傷体験の錯覚に襲われたり、眠れなくなったり、類似した場面に遭遇しただけで怯えたりする症状です。**損害賠償**は、平成 10 年に横浜地裁が初めて後遺障害等級第 7 級に該当するとした判決を出しています。現在は、障害の程度に応じて基本的には後遺障害等級 9 級から 14 級までの範囲で認めているようです。⇒ p93（下欄囲み記事）

RSD RSD の日本語名は「反射性交換神経萎縮症」「反射性交換神経萎縮症ジストロフィー」と呼ばれるもので、外傷が治っても「疼痛」が消えない状態をいいます。**損害賠償**については、程度に応じて後遺障害等級 7 級、9 級、12 級の 3 段階に区分して認定されます。

高次脳機能障害 脳障害により軸索（細胞組織と神経繊維）同士の連絡が絶たれると計算（高次脳機能）ができなくなり、身体的麻痺が残るだけでなく、別人のように幼稚あるいは怒りっぽくなったり、記憶力や集中力が低下して感情や行動が抑制できず、周囲とのトラブルを繰り返したりして社会生活を営めないなどの場合があります。これが高次脳機能障害で、自賠責保険の**後遺障害認定**では、「神経系統の機能又は精神の障害」の系列における 1 級から 9 級のいずれかで認定されます。

の合計額が損害賠償額となる。なお、治療しても完治せず後遺障害（⇒別項参照）が残ることがあり、この場合には後遺障害の等級に応じて逸失利益（消極損害）および慰謝料が請求できる。……p 56 以下

消極損害　消極損害とは、交通事故による現実の支出はないが、被害者の財産が増加するはずだったのに増加しなかったことに対する損害である。これには、①休業損害(⇒別項参照)、②逸失利益(⇒別項参照)がある。……p 42, 69, 82

使用者の責任　事故を起こした場合、自分自身が車を運転していなくても、使用者（雇主）は損害賠償責任を負う(民法 715 条)。また、使用者は通常、自動車損害賠償保障法 3 条の運行供用者としての責任も負う。……p 37

政府保障　ひき逃げや無保険車が加害車両の場合には、被害者は強制保険による救済を受けることはできない。しかし、この場合には、国が行う政府保障事業によって保障を受けることができる。保障の内容は、強制保険と同様である。……p 64, 196

積極損害　積極損害とは、交通事故で被害者が支出し、そのことで被害者の財産が減少したことについての損害である。積極損害には、治療費、付添費、入院･通院の諸雑費、交通費、家屋改造費、葬祭費（死亡）等があり、物損事故の車の破損なども積極損害である。……p 42, 68, 82, 110

損益相殺　損益相殺とは、被害者が事故について何らかの経済的利益を得た場合に、その利益額を損害賠償額から差し引くことをいう。被害者に損害保険や労災保険などが支給された場合などでは損害賠償額からの控除が認められ、公平の観点から二重取りを禁止している。ただし、なにが損益控除の対象になるかについては争いも多く、生命保険金や搭乗者傷害保険金については控除が認められない（判例）としている。……p 178

損害賠償（額）　交通事故では、加害者（不法行為者）は被害者（権利侵害をされた者）に対して損害を賠償しなければならない。損害には、積極損害(⇒別項参照)、消極損害（⇒別項参照)、精神的損害（慰謝料⇒別項参照）の 3 つがある……p 42 以下, 61, 80, 108, 146

中間利息の控除　交通事故に伴う逸失利益（死亡事故や傷害事故で後遺障害が残った場合）は、被害者が将来得られるであろう収入の賠償額であり、将来の分を現在一時にもらうことになるから利息分を差し引かないと不公平となる。この利息分を差し引くことを中間利息の控除と言い、通常、年 3 分のライプニッツ方式（複利）により中間利息の控除がおこなわれる。……p 119, 120

仲裁裁定（判断）　仲裁とは、「仲裁法」によれば、当事者が現在または将来の民事上の紛争（離婚または離縁除く）について、解決を第三者である仲裁人（紛争解決機関など）に判断を委ね、この判断（裁定）に合意することをいう。この仲裁判断（裁定）は判決と同じ効力があり、不服だからといって訴訟を提起することは原則としてできないので、注意が必要である。

任意保険　任意保険は、強制保険（⇒別項参照）で全損害をカバーできないときのための上乗せ保険である。任意保険には、上乗せ保険のほか、物損

死亡の場合の仮渡金は290万円、障害の場合には40万円、20万円、5万円の3段階を限度として支払いの請求をすることができる。……p 30, 62

休業損害　休業損害は消極損害（⇒別項参照）の一種で、事故で負傷したために働くことができず、収入が減少した損害である。休業損害は、サラリーマン、自営業者などのほか主婦にも家事労働の損失として認められる。ただし、幼児、学生、年金生活者など労働により収入を得ていない者には、休業損害は認められない。……p 69, 74

行政上の責任　交通違反などがあると、免許の取消しや免許停止などの行政処分がなされる。行政上の処分は刑罰ではなく、手続きも刑事処分とは別個であり、免許の取消しや停止の他、交通違反の態様に応じて反則金を納付する。……p 16

強制保険　強制保険は自動車損害賠償責任保険（略して自賠責保険）ともいい、交通事故の損害を保障するために、自動車の所有者に加入を義務づけている。人身事故の場合に限られ物損事故には適用がない。また、保障額には上限があり、傷害事故120万円、死亡事故3000万円、後遺障害が残り常に介護を必要とする場合4000万円までが支給額の上限となっている。…p 30, 32

刑事責任　事故を起こしたことについて、刑法等の規定により刑罰を受ける。交通事故の刑事責任には、危険運転致死傷罪、自動車運転過失致死傷罪、保護責任者遺棄罪（以上刑法）、道路交通法違反などがある。……p 16

後遺症（障害）　交通事故により負傷し、治療をしたが改善の可能性がなく、心身に障害が残った場合を後遺症（障害）と言う。後遺障害は、後遺障害等級表（本文84ページ参照）の何級に該当するかを認定し、該当等級の労働能力喪失率および労働能力喪失期間により賠償額を求める。後遺障害の賠償額の算定式は、被害者の収入×労働能力喪失率×労働能力喪失期間で、これから中間利息を控除（⇒別項参照）して行う。……p 80以下

時効　ある事実が一定期間継続したときに、権利を取得したり、権利が消滅したりすることを認めるのが時効制度である。交通事故の損害賠償請求権の時効は損害及び加害者を知ったときから3年（人身事故は5年）、保険金の請求の時効も3年（後遺症の場合は症状固定から3年）である。……p 57

示談　示談は、民事紛争について、紛争当事者が話合いでお互いが譲歩して紛争を解決する方法である。裁判手続もいらず、簡便な紛争解決法として交通事故の損害賠償の解決では多く利用されている。示談は、法律的には和解契約（民法695条）の一種とされ、示談が成立すると、通常、示談書が作成される。……p 26

自賠責保険⇒強制保険参照

死亡事故　事故により死亡した場合で、死亡事故では積極損害（葬祭費など⇒別項参照）、逸失利益（⇒別項参照）、死亡慰謝料（⇒別項参照）の合計額が損害賠償額となる。……p 100以下

傷害事故　事故により傷害を負った場合で、傷害事故では積極損害（治療費など⇒別項参照）、消極損害（休業損害⇒別項参照）、慰謝料（⇒別項参照）

基本用語解説＋さくいん

※交通事故の示談交渉で知っておきたい主な法律用語を掲載しました。用語の配列は50音順で、最後に本文の主な該当ページを記載しました。

慰謝料　交通事故で負傷した場合、傷の痛みや怒りを感じ、また将来への不安や苦しみが残る。こうした精神的な苦しみに対する償いが慰謝料である（民法710条）。慰謝料の額は、定額化されていて、傷害の場合の入・通院慰謝料、後遺障害の場合の後遺障害等級別慰謝料、死亡の場合の慰謝料（本人分および遺族分）が認められる。……p 42, 69, 76, 83, 111, 130

逸失利益　逸失利益（いっしつりえき）は消極損害（⇒別項参照）の一種で、事故にあわなければ被害者が将来に得られたであろう金額の損失分である。死亡事故の場合および後遺障害（⇒別項参照）がある場合に認められる。逸失利益の算定は、収入に就労可能年数をかけて、この額から中間利息を控除（⇒別項参照）して計算する。……p 42, 82, 110

内払金　強制保険には仮渡金（⇒別項参照）と内払金の制度があり、被害者が経済的に困窮していて早急にお金が必要な場合に内払いが利用できる。ただし、内払いが利用できるのは傷害の場合だけで、確定した損害（治療費など）が10万円を超えたときに10万円単位で支払われる。……p 62

運行供用者責任　運行供用者とは、「自己のために自動車を運行の用に供する者」のことで、自動車の運行を支配し、運行の利益を受けるべき者を言う。運行供用者は、他人の生命または身体を害したときは損害賠償をしなければならない（自動車損害賠償保障法3条）。これは交通事故の被害者を救済するために、運転者以外にも特に重い責任を課したもので、運行供用者が責任を免れるためには、①自己および運転者が、自動車の運行に注意を怠らず、②第三者に故意又は過失があり、③自動車に欠陥等がないことの全部を証明しなければならない。事実上、運行供用者には無過失責任を負わせている。……p 36

ADR（裁判外紛争解決手続き）　ADRは日本語では裁判外紛争解決（処理）と訳されている。訴訟によらず紛争を解決する手続きで、早く、費用も安く解決できるというメリットがある。交通事故のADR（裁判外紛争解決手続き）機関には、㈶日弁連交通事故相談センター、㈶交通事故紛争処理センターなどがある。……p 193

過失相殺　交通事故が起きる場合、当事者双方に過失がある場合が多い。この双方の過失の割合に応じて損害額を負担するのが過失相殺の法理である。過失相殺については、㈶日弁連交通事故相談センターなどの過失割合認定基準表が作成されており、こうした基準表により過失割合を知ることができる。……p 162 以下

仮渡金　強制保険には仮渡金と内払金（⇒別項参照）の制度があり、被害者が経済的に困窮していて早急にお金が必要な場合に、仮渡しが利用できる。

〔監修者紹介〕

長戸路政行（ながとろ　まさゆき）

1929年千葉県に生まれる。東京大学法学部卒業。元弁護士。東京弁護士三会交通事故処理委員、毎日新聞社交通事故法律相談所嘱託相談員を歴任。元千葉敬愛大学学園長。
著書に、「交通事故と示談のしかた」「時効」（いずれも自由国民社）などがある。

〔企画・執筆〕

内海　徹（うつみ　とおる）

1941年宮崎県に生まれる。早稲田大学法学部卒。法律ジャーナリスト。著書に「離婚を考えたらこの1冊」「債権回収のことならこの1冊（共著）」（いずれも自由国民社）などがある。

真田　親義（さなだ　ちかよし）

1949年熊本県に生まれる。熊本大学法学部卒。（有）生活と法律研究所所長。著書に「自己破産〈借金完全整理〉なんでも事典」「示談・調停・和解のやり方がわかる（共著）」（いずれも自由国民社）などがある。

＊本書は「交通事故 示談交渉手続 なんでも事典」を改題したものです。

交通事故 示談交渉 手続 マニュアル

1998年7月1日　初版第1刷発行
2020年9月27日　第4版第1刷発行

監　修　長戸路政行
企画・編集　㈲生活と法律研究所
発行者　伊藤滋
印刷所　横山印刷株式会社
製本所　新風製本株式会社

発行所　㈱自由国民社

〒171-0033　東京都豊島区高田3丁目10番11号　振替 00100-6-189009
TEL〔販売〕03(6233)0781　〔編集〕03(6233)0786
http://www.jiyu.co.jp/